EL JUEGO DE LA CIENCIA

EXPERIMENTOS CIENTÍFICOS para niños

Tom Robinson

OXIRO

Título original: *The Everything® Kids' Science Experiments Book*
Publicado en inglés por Adams Media Corporation, 57 Littlefield Street, Avon, MA 02322, USA

Traducción de Joan Carles Guix

Cubierta: Escletxa

Ilustraciones del interior: Kurt Dolber. Colaboraciones adicionales: Kathie Kelleher

Puzles: Beth Blair

ISBN: 978-84-9754-149-7
Depósito legal: B-14.862/2009

Impreso en Book Print
Botànica, 176-178 – 08908 L'Hospitalet de Llobregat (Barcelona)

Impreso en España – *Printed in Spain*

DEDICATORIA

Para Matt y Megan

Nota: Todas las actividades de este libro se deberían realizar con la supervisión de un adulto. Asimismo, el sentido común y la precaución son esenciales para realizar cualquier actividad de este tipo, ya sean de este libro o de cualquier otro. NUNCA se debe mirar directamente al sol; podría ser causa de ceguera. Los padres o cuidadores deben supervisar a los niños. El autor y el editor no se hacen responsables de cualquier daño o lesión derivados de la realización de estos experimentos.

ÍNDICE

AGRADECIMIENTOS

Quiero expresar mi profunda gratitud a Amy Biddle y a sus clases de química en Pinkerton Academy, en Derry, New Hampshire, por haber revisado mi manuscrito y mis experimentos. También estoy en deuda con Vince Howard y el departamento de ciencias de Kentridge High School, Angie Lavine, Sara Dacus y Jeff Renner, de KING-TV, por su sugerencia de experimentos, la verificación de la exactitud de los conceptos científicos del libro y la revisión del manuscrito. Por último, gracias a mi esposa Lisa, que me permitió transformar la cocina en un laboratorio científico para que mis dos jóvenes científicos y yo pudiéramos jugar y descubrir el gozo de hacer «perimentos», como dice el más pequeño, en familia.

INTRODUCCIÓN

¿Qué se necesita para ser un gran científico? Piensa en los más famosos que conoces: Isaac Newton, Louis Pasteur, Albert Einstein, Thomas Edison, Pierre y Marie Curie, Stephen Hawking, entre un largo etcétera. ¿Qué tienen todos ellos en común? En principio, todos son muy inteligentes. ¡En algunos casos incluso aprendieron por sí mismos la mayoría de las cosas que sabían acerca de un tema determinado! En realidad, sir Isaac Newton tuvo que inventar una nueva rama de las matemáticas (cálculo) para resolver los problemas de física en los que andaba enfrascado. Pero también hay otra cosa que comparten todos ellos y que les diferencia de las demás personas inteligentes de su tiempo: la capacidad de formularse preguntas.

Tener un buen cerebro no siempre es suficiente. Para ser un gran científico hay que ser capaz de analizar un problema que cientos, que digo cientos, ¡miles! de personas ya han analizado y que han sido incapaces de resolver, formularse la pregunta de otro modo, y luego buscar otra manera de responderla. Esto es lo que hicieron Newton y todos los demás: combinar la inteligencia con una curiosidad que les motivaba a decir «Quiero saber la respuesta a este dilema». Y tras formularse las preguntas correctas, descubrieron formas de darles respuesta y, finalmente, alcanzaron la fama con sus descubrimientos.

¿Podrías ser tú el próximo Thomas Edison e inventar algo que el mundo estuviera esperando, o el siguien-

Citas interesantes

Lo realmente importante es no dejar de hacer preguntas.

Albert Einstein

te Isaac Newton y responder a una pregunta que nadie antes había sido capaz de hacerlo? ¡Por supuesto que sí! Sólo necesitas algo que los niños tienen por naturaleza y que muchos adultos conservan: curiosidad.

Este libro te ayudará a profundizar en la curiosidad introduciéndote en cinco áreas importantes de la ciencia: biología, química, física, la Tierra y el espacio, y el cuerpo humano. Te plantearemos diferentes preguntas que te permitirán empezar a pensar como un científico. Tal vez ya te hayas formulado algunas de ellas, como por ejemplo, por qué el cielo es azul, pero otras probablemente sean nuevas para ti.

¿Por qué los jóvenes científicos llevaron material de dibujo a la clase de ciencias?

¡Porque querían bosquejar alguna teoría!

Dado que formular la pregunta correcta sólo es el primer paso para llegar a ser un gran científico, este libro también te guiará a lo largo del segundo paso: la experimentación. Después de cada pregunta encontrarás un experimento que te ayudará a descubrir algunos de los misterios y la magia de la ciencia. Hay tres tipos diferentes de experimentos: simples actividades que puedes hacer rápidamente, otras más complejas y de mayor envergadura, y proyectos científicos.

EL MÉTODO CIENTÍFICO

En primer lugar, echemos una ojeada al punto de partida de todos los experimentos científicos: el método científico, enunciado por un italiano llamado Galileo en el siglo XVI. Es muy sencillo y te permitirá preguntar y responder a muchas de las cuestiones relacionadas con la ciencia. El método científico consta de cinco partes:

1. Observar la actividad en el mundo que te rodea.
2. Elaborar una posible explicación a esa actividad (hipótesis).
3. Usar la hipótesis para realizar predicciones acerca de la actividad.
4. Verificar las predicciones.
5. Extraer una conclusión acerca de la hipótesis y de su capacidad de predicción de la actividad.

Los científicos han utilizado este método durante siglos para comprender el mundo en que vivían. ¡Ahora te toca a ti!

Lo interesante de este libro es que puedes empezar a leerlo en cualquier punto y desarrollar la idea tanto como desees. Y en el caso de que la idea no llegue tan lejos como desearías, recurre a la imaginación y sigue explorando. Te invitamos a unirte a este apasionante viaje al mundo de la ciencia experimental. ¡Bienvenido a bordo!

CAPÍTULO 1

BIOLOGÍA

Vida. Todos tenemos vida. El mundo que nos rodea rebosa vida, desde las aves en el cielo hasta los peces en el mar, pasando por lo animales terrestres. Pero ¿cómo funciona realmente la vida? Si puedes responder a esta pregunta, habrás recorrido un largo camino en una de las cuestiones más estudiadas en el mundo natural.

PRUÉBALO

EL AGUA Y LOS COLORES

El ser humano y los demás animales son criaturas muy complejas. Consideremos en primer lugar las plantas. Las plantas parecen ser simples ejemplos de cómo funciona la vida. Las plantas en tierra, las riegas y luego dejas que el sol las ilumine. Muy pronto empiezan a crecer, florecen y se marchitan. Pero en el interior de una planta se producen procesos que no podemos ver, procesos diferentes de todos los demás. Empecemos comprendiendo estos procesos con lo que todo el mundo sabe que es el recurso más importante del que depende la supervivencia de una planta: el agua.

PREGUNTA

¿Cómo llega el agua desde la tierra hasta las hojas de una planta?

MATERIAL NECESARIO

- 4 vasos de agua a temperatura ambiente
- Colorante para alimentos rojo, azul, verde y amarillo
- 3 claveles blancos
- Cúter

PROCEDIMIENTO

1. Mezcla un color en cada uno de los vasos. Cuanto más intensa sea la coloración, más eficaz resultará el experimento.
2. Pon el primer clavel en cualquiera de los cuatro vasos. Si el tallo es demasiado largo, córtalo.
3. Pon otro clavel en otro vaso.
4. Coge el último clavel y, con la ayuda de un adulto, corta el tallo longitudinalmente hasta la mitad. Ahora tendrás un tallo bifurcado en otros dos más pequeños.
5. Introduce una mitad en el tercer vaso de agua coloreada y la otra mitad en el cuarto.
6. Coloca las flores en un lugar soleado y espera veinticuatro horas. Observa lo que les ha ocurrido a las flores.

¿QUÉ OCURRE?

Mediante un proceso llamado «capilaridad», el agua circula a través de los tallos de las plantas hasta alcanzar los pétalos de la flor. En efecto, ahora han adquirido la tonalidad del color del agua. Más interesante es incluso comprobar lo que le ha sucedido a la flor con el tallo bifurcado. ¡Sus pétalos son bicromáticos! Podrías repetir muy fácilmente este experimento con otras flores y otros colores para comprobar si se comportan igual. Los tallos de apio con hojas también dan un excelente resultado.

Y AHORA SIGUE TÚ

Al regar las plantas del jardín, ¿deberías mojar las hojas o la tierra?[1]

(Las respuestas a todas las secciones «Y ahora sigue tú» están al final del libro, a partir de la p. 135. El superíndice corresponde a la respuesta correspondiente.)

TERMINOLOGÍA

Capilaridad: proceso que permite que el agua y otros nutrientes asciendan desde la tierra hasta todas las partes de una planta.

¿Por qué se metió en la ducha el científico bobalicón con la camisa puesta?

Porque la etiqueta decía: «Lavar y poner»

Ciencia *on-line*

ZooNet es un buen punto de partida para obtener información acerca de animales, zoos, etc. Visita www.zoonet.org

PRUÉBALO

HOJAS SECAS

Algunos árboles permanecen verdes todo el año, mientras que otros pierden la hoja en otoño e invierno, brotando de nuevo en primavera. Si alguna vez has visto árboles perder las hojas en otoño, habrás observado que su coloración cambia del verde al amarillo, rojo o anaranjado antes de caer al suelo.

PREGUNTA

¿De dónde procede el color de las hojas?

MATERIAL NECESARIO

- 4-5 hojas de espinaca
- Vaso
- Cuchara
- Quitaesmalte para uñas (pídeselo a tu mamá)
- Filtro de café
- Tijeras
- Cinta adhesiva
- Lápiz

PROCEDIMIENTO

1. Trocea las hojas.
2. Pon los pedacitos en el fondo del vaso y machácalas con una cuchara.
3. Espera hasta que las hojas se hayan asentado en el fondo del vaso y luego añade varias cucharaditas de quitaesmalte. Si no cubre completamente las hojas, añade un poquito más.
4. Recorta un filtro de café en forma de rectángulo. Debería ser ligeramente más estrecho que el vaso.
5. Pega el rectángulo en el lápiz, y cuando has hojas se hayan asentado en el fondo del vaso, colócalo en equilibrio sobre la boca del vaso, de manera que el filtro toque el quitaesmalte, pero no las hojas.
6. Deja el vaso en reposo varias horas.

Citas interesantes

Otoño es una segunda primavera en la que cada hoja es una flor.

Albert Camus

¿QUÉ OCURRE?

Deberías ver muchos colores subiendo por el filtro de café. El verde procede de una sustancia química que producen las hojas vedes: la clorofila. Pero también observarás otras tonalidades, tales como el rojo, amarillo y anaranjado, que proceden de diferentes sustancias químicas también presentes en las hojas verdes.

En primavera y verano, la fotosíntesis produce tanta clorofila que sólo puedes apreciar el color verde. Pero a medida que los días se acortan, la producción de clorofila se reduce y el verde palidece hasta que finalmente adquiere otros colores. Cuando por fin ha desaparecido el verde, la hoja no tardará en caer.

Y AHORA SIGUE TÚ

Al llegar el otoño, observa como las hojas cambian de color. ¿Podrías decir por qué sucede?[2]

TERMINOLOGÍA

Clorofila: sustancia química que confiere el color verde a las hojas de las plantas.

Fotosíntesis: proceso mediante el cual las plantas transforman la luz solar y el agua en clorofila.

Curiosidades

La clorofila absorbe la luz roja y azul, y refleja la luz verde, que es la que puedes ver en las hojas de las plantas.

PRÁCTICAS DE LABORATORIO

PREGUNTAS ¿Las semillas necesitan luz para germinar? ¿Las plantas necesitan luz para crecer?

ANÁLISIS DEL EXPERIMENTO Ya has comprobado qué les ocurre a algunos árboles cuando no reciben la suficiente luz solar: pierden las hojas. Pero las plantas y los árboles son diferentes. En este experimento descubrirás si las semillas y plantas necesitan luz para crecer colocando algunas de ellas en un lugar soleado y otras en la oscuridad, lo cual te permitirá deducir si la luz marca o no la diferencia en su pauta de crecimiento. Este experimento tarda algunos días, pues la mayoría de los procesos con plantas se producen con lentitud, pero los resultados deberían ser evidentes y un tanto sorprendentes.

CONCEPTO CIENTÍFICO La mayoría de los jardineros creen que la luz y el agua son los elementos esenciales para el crecimiento de una planta. Ahora vas a verificar esta teoría poniendo algunas semillas en un lugar oscuro y exponiendo otras a la luz. Luego cogerás dos plantas sanas y pondrás una en un armario durante unos cuantos días y otra en un sitio soleado. Al hacerlo, estarás utilizando uno de los factores más importantes del método científico: verificar los cambios de uno en uno. Es fundamental que trates las semillas y las plantas exactamente igual, con la única excepción de su ubicación. Veamos, pues, si la luz marca o no la diferencia.

MATERIAL NECESARIO

- 2 hojas de papel de cocina
- 2 platos pequeños
- Judías pintas
- Agua
- 2 plantas pequeñas, idénticas y sanas con maceta

PROCEDIMIENTO

1. Dobla las hojas de papel de manera que cada una de ellas se ajuste a las medidas de un plato.
2. Pon una hoja de papel doblada en cada plato y echa unas cuantas judías.
3. Humedece el papel hasta que quede empapado y elimina el exceso de agua de los platos.
4. Coloca un plato de judías en un armario cerrado y a oscuras durante varios días.
5. Riega las plantas hasta que la tierra esté ligeramente húmeda y pon una de las plantas junto a las judías en el armario.
6. Coloca el segundo plato en un lugar soleado junto a la segunda planta.
7. Transcurridos dos días, humedece ligeramente los dos platos y riega las plantas, utilizando la misma cantidad de agua.
8. Transcurridos un total de cuatro días, retira las judías y la planta del armario y ponlas junto a las que están expuestas a la luz solar.

PREGUNTAS PARA EL CIENTÍFICO

- ¿Qué muestra de judías ha crecido mejor, la que estaba en la oscuridad o la que se hallaba expuesta a la insolación? ______________________________
  ____
- ¿Qué muestra de planta ha crecido mejor, la que estaba en la oscuridad o la que se hallaba expuesta a la insolación? ______________________________
  ____
- Si quisieras plantar semillas, ¿dónde las pondrías, en un lugar soleado o en la penumbra? ______________________________
- Piensa en la cantidad de luz con la que suelen crecer las semillas y las plantas. ¿Confirma este experimento que aquellas ubicaciones son las más adecuadas para el crecimiento? ______________________________
- ¿Necesitan cantidades de luz diferentes algunas semillas? Experimenta con distintas clases de judías y cantidades de exposición solar para verificar qué factores son los que más influyen en la germinación y el crecimiento. ____________
  ____

Tubular

¿Puedes encontrar el camino a través de los diminutos conductos de esta hoja desde la SALIDA hasta la LLEGADA?

PRUÉBALO

POROSIDAD

Otro de los interesantes talentos de las plantas es la capacidad de absorber agua a través de su piel. Este proceso se denomina «ósmosis», y con este experimento verás cómo funciona.

PREGUNTA

¿Puede realmente un líquido atravesar las paredes?

MATERIAL NECESARIO

- 2 vasos anchos o de medidas
- Agua
- Tintura de yodo
- Almidón
- Bolsa de plástico pequeña y de cierre hermético

PROCEDIMIENTO

1. Llena de agua los vasos hasta aproximadamente tres cuartos.
2. En un vaso mezcla dos cucharadas de tintura de yodo y agua.
3. En el otro vaso mezcla una cucharada de almidón y agua, y vierte la mitad en la bolsita de plástico.
4. Cierra herméticamente la bolsa y sumérgela en la mezcla de yodo. Quizá tengas que limpiar la bolsa con agua para evitar que haya quedado almidón fuera de ella cuando la coloques en la tintura.

5. Deja que la bolsa se asiente en el yodo durante una hora y observa los cambios que se producen durante este período de tiempo. Entretanto, echa unas cuantas gotas de tintura en el vaso que contiene la bolsa con almidón y observa lo que sucede.

¿QUÉ OCURRE?

La mezcla de almidón adquiere un color oscuro cuando está presente el yodo. Esto quedó demostrado al echar las gotas de yodo en el segundo vaso. Asimismo, el yodo también cambia de tonalidad en presencia de un almidón. Sin embargo, no pudiste apreciar ningún cambio cromático en la mezcla de yodo en el primer vaso. De algún modo, el yodo ha pasado a través de la pared de la bolsa de plástico, pero el almidón no fue capaz de pasar al yodo. Las moléculas de almidón son grandes comparadas con las del yodo. Y lo que es más importante: éstas son más pequeñas que los poros del plástico (¡en efecto, las bolsas de plástico son porosas!). Sin embargo, los orificios son demasiado pequeños como para que las moléculas de almidón pasen a través, permaneciendo en el interior de la bolsa. De ahí que la mezcla de yodo no cambie su color original.

Curiosidades

La difusión y la ósmosis son dos formas con las que las células obtienen los nutrientes que necesitan para crecer y mantenerse sanas.

TERMINOLOGÍA

Ósmosis: proceso por el cual un líquido atraviesa las paredes de las células.

Ciencia *on-line*

Aprende jardinería de la mano de los expertos de Better Homes and Gardens. Visita www.bhg.com/gardening/

PRÁCTICAS DE LABORATORIO

PREGUNTA ¿Se puede hinchar un globo con un plátano?

ANÁLISIS DEL EXPERIMENTO En este experimento comprobarás cómo un plátano se descompone con el tiempo e hincha un globo. El proceso no es visible, pero los efectos son palpables. A modo de seguimiento, puedes intentarlo con otras frutas para ver si dan los mismos resultados al descomponerse.

CONCEPTO CIENTÍFICO Tarde o temprano, las plantas se marchitan y mueren. El plátano es la fruta de un árbol llamado bananero, y cualquiera que haya visto cómo madura y se amarrona un plátano antes de comerlo, sabe que cuando esto sucede, experimenta cambios muy significativos. En efecto, cuando un plátano se descompone, lo invaden las bacterias, unas criaturas tan diminutas que no se pueden distinguir a simple vista. Pero no sólo se limitan a estar allí, sino que se multiplican y multiplican alimentándose de los restos del plátano. Durante este tipo de procesado de alimentos, exhalan gas, no en grandes cantidades, pero sí el suficiente para hinchar un globo.

TERMINOLOGÍA

Bacterias: organismos diminutos que viven en todas las cosas. Algunas son causa de enfermedades, pero muchas de ellas te ayudan a estar sano.

MATERIAL NECESARIO

- Plátano muy maduro
- Cuenco
- Botella de plástico o cristal, de boca pequeña
- Globo

Curiosidades

Los globos se fabrican con el látex que segrega el árbol del caucho, que produce la savia suficiente para confeccionar tres globos de 25 cm al día.

PROCEDIMIENTO

1. Pela el plátano, asegurándote de que esté muy maduro, y machácalo en el cuenco hasta que adquiera una consistencia pastosa.
2. Echa la pasta de plátano en la botella. Tal vez sea un poco complicado (¡y sucio!), pero con paciencia se puede conseguir. Pruébalo con un cuchillo de plástico; te resultará más fácil.
3. Ajusta el globo en la boca de la botella.
4. Coloca la botella en un lugar cálido y soleado, y obsérvala durante algunos días.
5. Mide a diario la circunferencia del globo para verificar el proceso de descomposición del plátano.

PREGUNTAS PARA EL CIENTÍFICO

- ¿Cuál es la causa de que el globo se hinche? ______
- ¿Qué le ocurre al plátano? ______
- ¿Cuánto tiempo ha tardado el globo en empezar a hincharse? ______

Y AHORA SIGUE TÚ

Ahora que ya conoces el procedimiento, machaca otras variedades de fruta (manzanas, naranjas, uva, melones) y repite el experimento. Compara el índice de crecimiento de cada globo y podrás determinar qué fruta se descompone más deprisa.

ADVERTENCIA

Realiza el experimento cerca de un fregadero o fuera de casa (jardín, patio, etc.). Es probable que el olor sea fuerte y desagradable.

ANIMALES

El reino animal incluye más de mil millones de tamaños, formas y especies. Hay quien dedica su vida al estudio de los animales y aun así apenas consigue arañar superficialmente el pozo de conocimientos que encierran. Por cierto, algunas de las criaturas más interesantes puedes encontrarlas en el jardín (ciempiés, orugas y chicharras).

Ciencia *on-line*

Worm Digest dispone de mucha información relacionada con las lombrices, la elaboración de compost y la jardinería. Visita www.wormdigest.org

PRUÉBALO

MIEDO A LA LUZ

Si alguna vez has observado el jardín después de un chaparrón o has tenido que desenterrar una gran piedra, es muy probable que te hayas topado con una lombriz. A decir verdad, poco sabemos de las lombrices, exceptuando que se usan para pescar. Son difíciles de descubrir y aunque den la impresión de no servir absolutamente para nada, lo cierto es que son muy importantes para la tierra: se encargan de fabricar abono para el crecimiento de las plantas.

PREGUNTA

¿Qué prefieren las lombrices, la luz o la oscuridad?

Curiosidades

La lombriz más grande jamás descubierta medía 6,5 m de longitud.

MATERIAL NECESARIO

- Caja de zapatos
- Tijeras
- Papel de cocina
- Lombrices de tierra (del jardín o de cualquier tienda especializada en artículos de pesca)
- Lámpara

PROCEDIMIENTO

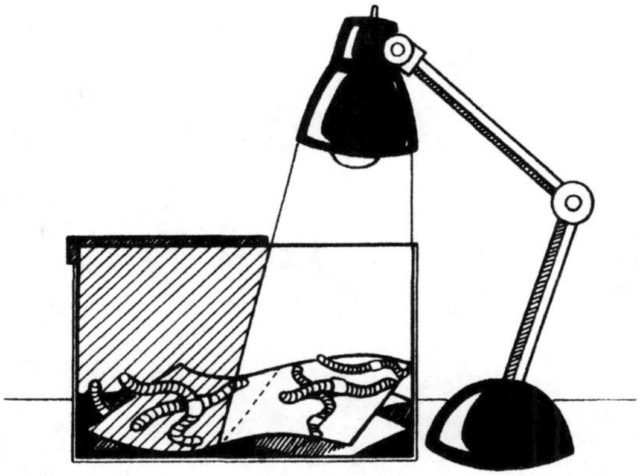

1. Recorta un tercio de la tapa de una caja de zapatos.
2. Empapa a conciencia varias hojas de papel de cocina y ponlas en el fondo de la caja.
3. Deposita las lombrices en el papel, en un extremo de la caja. ATENCIÓN: Manipúlalas con suavidad. Un científico que se precie tratará a todas las criaturas con sumo cuidado.
4. Ajusta la tapa en la caja, de manera que la abertura quede en el mismo extremo en el que has colocado las lombrices.
5. Pon una lámpara iluminando la caja, a 30-60 cm de la abertura.
6. Deja así la caja durante 15-30 minutos.
7. Cuando regreses, retira la tapa y observa dónde están ahora las lombrices.

¿QUÉ OCURRE?

Las lombrices tienden a evitar la luz. De ahí que les guste tanto la tierra. Cuando iluminaste la caja, la mayoría de ellas se alejaron de la luz, desplazándose hacia el extremo oscuro de la caja, mientras que otras prefirieron enterrarse debajo del papel. Las lombrices no pueden ver como lo hacemos nosotros, pero sí son capaces de percibir la luz. Cuando su sistema nervioso la capta, se alejan inmediatamente de ella.

TERMINOLOGÍA

Sistema nervioso: el sistema que usa nuestro organismo para transmitirnos las sensaciones.

Y AHORA SIGUE TÚ

Observa con una lupa el sistema circulatorio de las lombrices, y cuando hayas terminado el experimento devuélvelas al jardín para que sigan contribuyendo al crecimiento de las plantas.

PRÁCTICAS DE LABORATORIO

Si alguna vez has dejado un poco de fruta en la encimera de la cocina durante un período demasiado dilatado de tiempo, probablemente habrás observado que se ha organizado un revuelo de moscas a su alrededor. Este experimento es ideal para estudiar el comportamiento de las moscas de la fruta.

PREGUNTA ¿Qué les gusta comer a las moscas?

ANÁLISIS DEL EXPERIMENTO Vas a coger un plátano muy maduro y a dejar que se pudra en un tarro abierto, colocando otro tarro vacío junto a él. Con el tiempo, las moscas de la fruta acudirán en bandada y acelerarán el proceso de descomposición. Luego, aparentemente salidos de la nada, también harán su aparición unas pequeñas criaturas, las cresas. Entretanto, el tarro vacío seguirá intacto. Una vez verificados estos resultados, estarás listo para ampliar el experimento y descubrir nuevas posibilidades.

CONCEPTO CIENTÍFICO Durante muchos años los científicos han creído que la fruta podrida, como en el caso de tu plátano, provocaba una generación espontánea, es decir, que la vida podía brotar de la nada. Pero ahora sabemos que las moscas de la fruta se alimentan de la fruta en descomposición y aprovechan su energía para poner huevos. Luego aparecen las cresas. Las moscas de la fruta desempeñan una función muy importante. En un contenedor para la confección de compost, se almacenan los restos de comida, y cuando se descomponen, se pueden utilizar a modo de fertilizantes para la tierra. Las moscas de la fruta aceleran este mismo proceso en tu plátano.

TERMINOLOGÍA

Cresas: pequeñas larvas parecidas a gusanos que al crecer se convierten en moscas de la fruta.

Curiosidades

Las moscas de la fruta viven alrededor de dos semanas.

MATERIAL NECESARIO

- Plátano maduro
- 2 tarros de cristal lo bastante grandes para que quepa un plátano.

PROCEDIMIENTO

1. Pela el plátano y mételo en uno de los tarros, dejando el otro vacío.
2. Coloca los tarros en un lugar cálido, a ser posible fuera de casa y expuestos a la luz del sol. Espera dos semanas.
3. Observa el plátano dos veces al día y anota tus observaciones, incluyendo aspectos tales como el color, consistencia, olor y la presencia de moscas u otras criaturas.

4. Compara el contenido del tarro vacío con el del tarro que contiene el plátano.
5. Transcurridas dos semanas, revisa tus notas para verificar los cambios que se han producido durante este período de tiempo.

PREGUNTAS PARA EL CIENTÍFICO

- ¿Cuándo aparecieron las moscas por primera vez? ______________________
- ¿Cuánto tiempo transcurrió antes de que el plátano tuviera un aspecto no comestible? ______________________
- ¿De dónde surgieron las cresas? ______________________
- ¿Se te ocurre alguna otra criatura que contribuya a la descomposición de los restos de alimentos? ______________________

Y AHORA SIGUE TÚ

Veamos algunas variaciones de este experimento que podrías realizar:

- Tapa el tarro y comprueba si los resultados son los mismos.
- Prueba con otra fruta, por ejemplo manzana, naranja o melocotón.
- Coloca los tarros en lugares diferentes (luz, oscuridad, calor, frío, etc.).

PRUÉBALO

CAMUFLAJE ANIMAL

Si conoces a alguien que haya servido en el arma de infantería, seguro que habrás visto un uniforme de camuflaje, llamado así porque dificulta la detección de quien lo lleva puesto, ya que se confunde con la vegetación. Pero algunos animales, como el camaleón, lo hacen espontáneamente.

PREGUNTA

¿Cómo se «funden» los animales en su entorno natural?

MATERIAL NECESARIO

- 2 hojas de cartulina de tres colores
- Tijeras
- Amigo

PROCEDIMIENTO

1. Recorta en cuadraditos de 3 × 3 cm las hojas de cartulina.

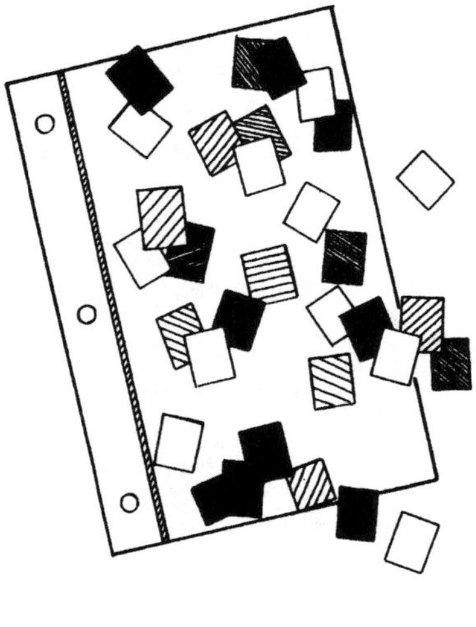

2. Coloca todos los cuadrados en una de las hojas mientras tu amigo cierra los ojos.
3. Cuando los abra, dale cinco segundos para que memorice la mayor cantidad de cuadrados de color que pueda.

TERMINOLOGÍA

Camuflaje: cómo se disimulan los animales fundiéndose en su entorno.

¿QUÉ OCURRE?

El ojo humano capta rápidamente los contrastes acusados en el color. Tu amigo elegirá cuadrados que no tienen la misma tonalidad que la hoja en la que reposan. De hecho, los animales, y también los humanos, usan el camuflaje para sacar el máximo partido del hecho de que cuando sus colores coinciden con los que les rodean (ranas verdes en la hierba, lagartos amarronados en la rama de un árbol, etc.), los depredadores no aprecian contraste alguno y los animales permanecen ocultos. Si colocaras una rana amarronada en la hierba o un lagarto verde en la rama de un árbol, destacarían y serían una presa fácil.

Y AHORA SIGUE TÚ

Si conoces a alguien que tenga unas gafas de sol llamadas Blue Blockers, dile que te deje probarlas. ¿Qué colores distingues mejor? ¿Sabes por qué?[3]

El ojo espía

¿Serías capaz de encontrar diez criaturas que se ocultan en este dibujo?

PRÁCTICAS DE LABORATORIO

PREGUNTA ¿Por qué los huevos tienen forma de huevo?

ANÁLISIS DEL EXPERIMENTO En este experimento explorarás las formas de los huevos y lo asombrosamente resistentes que son a pesar de su frágil estructura. Si los preparas con cuidado, podrás colocar varios libros sobre cuatro medias cáscaras sin quebrarlas. Y como continuación, podrías considerar otras versiones de este proyecto.

CONCEPTO CIENTÍFICO Los huevos tienen la forma que tienen por diferentes razones. Una muy simple es que su forma ovalada no les permite rodar demasiado bien y, en consecuencia, cuando la gallina los está incubando y uno de ellos se desplaza, se detiene enseguida, y mamá gallina lo recupera con facilidad. Haz rodar un huevo sobre la mesa o la encimera de la cocina y comprobarás cómo su curiosa forma le impide desplazarse como si fuera una pelota.

Otra razón es que su forma cupular le confiere mayor resistencia que casi cualquier otra. Algunas personas cogen un huevo, lo aprietan en la palma de la mano y son incapaces de romperlo, ya que la fuerza de la mano se distribuye por toda la superficie del huevo. Si quieres probarlo, hazlo fuera de casa o en el fregadero; no fuera a ser que lo cogieras con toda precisión... ¡y se te rompiera en la cara!

MATERIAL NECESARIO

- 4 huevos crudos
- Cinta adhesiva
- Tijeras
- Varios libros aproximadamente del mismo tamaño

PROCEDIMIENTO

1. Rompe suavemente los huevos, horizontalmente y lo más cerca posible de la línea media del cascarón. Si no lo consigues, inténtalo de nuevo con otro huevo.
2. Echa la yema y la clara en un cuenco y aprovéchalo para cocinar.
3. Enjuaga y seca las medias cáscaras.
4. Pega un trozo de cinta adhesiva alrededor del extremo abierto de cada cascarón, dejando a la vista el borde dentado.
5. Con unas tijeras, recorta con cuidado los bordes dentados, procurando no romper el resto del cascarón.
6. Ahora deberías tener cuatro bases redondeadas de cáscara de huevo y cuatro secciones superiores intactas.
7. Dispón los cascarones sobre la mesa, formando un rectángulo, coincidiendo aproximadamente con la posición que ocuparán las esquinas de los libros.
8. Intenta adivinar cuántos libros serán capaces de soportar los cascarones.
9. Coloca libros, de uno en uno, hasta que las cáscaras se rompan. Es esencial que los libros sean del mismo tamaño.
10. Sigue añadiendo libros hasta que se rompan los huevos.

PREGUNTAS PARA EL CIENTÍFICO

- ¿Han soportado los huevos el peso de más o menos libros de los que habías imaginado? ____________
- ¿Por qué crees que pueden soportar tanto peso cuando se rompen con tanta facilidad al golpearlos contra el borde de un cuenco? ____________
- ¿Qué cambios podrías introducir en este experimento para que pudieran soportar el peso de un mayor número de libros? ____________

Y AHORA SIGUE TÚ Intenta repetir el experimento pero apoyando los huevos sobre el extremo redondeado. ¿Qué extremo de la cáscara es capaz de soportar más peso?

Piensa en los faquires que se tienden en camas de clavos. ¿Cómo explicaría el «truco» este experimento? Piensa ahora en las botas y raquetas de nieve. ¿Tiene algo que ver con el experimento de los huevos?[4]

PROYECTO CIENTÍFICO: BIOLOGÍA

GRAVEDAD

Con toda probabilidad, nunca habrás visto una planta crecer hacia abajo, con las hojas en la tierra y las raíces mirando al sol. ¿Por qué no? Las plantas parecen saber dónde está arriba y dónde abajo, y crecen con las raíces profundizando en la tierra, mientras que las hojas y las flores lo hacen hacia el sol. Como científico que eres, el siguiente paso consistirá en preguntarte cómo es posible que las plantas sepan exactamente en qué dirección deben crecer. ¡Un motivo ideal para diseñar un experimento!

PREGUNTA

¿Por qué saben las plantas que deben crecer hacia arriba?

ANÁLISIS DEL EXPERIMENTO

En este experimento empezarás observando la reacción de una planta con la maceta en posición horizontal. Cuando hayas comprobado cómo se comporta una planta madura, plantarás judías y verificarás si también ellas, cuando germinan, son capaces de adivinar dónde está arriba.

CONCEPTO CIENTÍFICO

Dirígete a una colina o un bosque cerca del lugar en que vives y donde abunden los árboles. Cuanto más empinado sea el terreno, tanto mejor. Observa detenidamente la dirección en la que crecen los troncos y verás que lo hacen verticalmente, independientemente de la inclinación del terreno. Las plantas detectan la gravedad: las raíces penetran en la tierra y los tallos y las hojas se elevan verticalmente. Esto es debido a una sustancia química llamada auxina, que bajo los efectos de la fuerza gravitatoria, se acumula en el lado más bajo de la planta y de las hojas, con lo cual, las secciones más bajas del tallo y las hojas se prolongan un poco más, impulsándolos hacia arriba. Las raíces reaccionan de un modo diferente, pues son una parte igualmente diferente de la planta. En la raíz, la auxina se acumula en el lado más bajo, la parte superior crece un poco más y la raíz penetra en la tierra. Con este experimento podrás observar estos dos casos.

MATERIAL NECESARIO

- 3 plantas pequeñas, maduras y con maceta
- Lugar soleado
- Vaso
- Agua
- Judías pintas
- Papel de cocina
- Papel de aluminio
- Cámara fotográfica

PROCEDIMIENTO

PLANTAS MADURAS

1. Coloca las tres plantas en un lugar soleado, una de ellas con la punta orientada al sol, otra en la dirección opuesta, y la tercera en posición vertical.
2. Riégalas como de costumbre (ponlas en posición vertical para regarlas) y toma nota de su pauta de crecimiento. Esta parte del experimento puede llevar más o menos tiempo dependiendo de la planta de que se trate; ármate de paciencia. Sin embargo, no deberían tardar demasiado en orientarse progresivamente hacia arriba.

SEMILLAS

1. Sumerge las judías en un vaso lleno de agua y déjalas en remojo toda la noche.
2. Vierte el agua y pon las judías en una hoja de papel de cocina doblada por la mitad.
3. Con cuidado, enrolla el papel y humedécelo ligeramente, sin empaparlo.
4. Envuelve el papel de cocina con papel de aluminio de manera que quede totalmente cubierto y sellado.
5. Mete en el vaso el papel de aluminio con las judías, con un extremo hacia arriba, y déjalo así durante una semana.
6. Transcurrido este período, abre el papel de aluminio y desenrolla cuidadosamente el papel de cocina. No toques las judías; las usarás de nuevo, así como también el papel de aluminio y de cocina. Así pues, procura no romperlos.

7. Observa la dirección de crecimiento del tallo y las raíces de las judías. Deberían empezar a germinar y a identificar la posición «arriba», a pesar de su orientación cuando las metiste en el vaso.
8. Saca una foto de las judías para documentar su crecimiento.
9. Humedece las judías igual que antes, envuélvelas de nuevo en el papel de cocina y de aluminio, y mételas otra vez en el vaso, pero esta vez invirtiendo su posición, es decir, el extremo que se orientaba hacia arriba, ahora hacia abajo.
10. Transcurrida otra semana, desenvuelve las judías y observa la nueva pauta de crecimiento. Como verás, han invertido la dirección de desarrollo, desviándose en la dirección «correcta». Saca otra foto.

PREGUNTAS PARA EL CIENTÍFICO

- ¿Qué has observado en relación con el crecimiento de las plantas?
- ¿Había alguna diferencia entre el crecimiento de la planta con la punta orientada hacia el sol y la que se hallaba en la dirección opuesta?
- ¿Cómo sabes que era la gravedad y no el sol u otro factor lo que hizo que las plantas crecieran así?
- ¿Las judías crecieron en la dirección que esperabas durante la primera semana?
- Transcurrida la segunda semana, ¿cambió la dirección de los tallos y las raíces?
- ¿Por qué crees que se produjo este cambio?
- ¿Podrías concluir que las judías empezaron a crecer en una dirección y luego la invirtieron?

CONCLUSIONES

Desde su etapa de semilla, las plantas tienen la facultad de saber dónde está arriba y empiezan a crecer inmediatamente en esa dirección. Las plantas maduras ya han desarrollado sus raíces, pero aun así continúan adaptando la dirección del tallo y las hojas siempre hacia arriba. Algunas plantas muy altas son capaces de serpentear y sortear obstáculos hasta conseguirlo.

A modo de seguimiento, planta las judías en la tierra, en posición horizontal, y observa cómo adaptan su pauta de crecimiento en la dirección de la gravedad. El tallo no tardará en asomar y las raíces penetrarán en la tierra.

CAPÍTULO 2
QUÍMICA

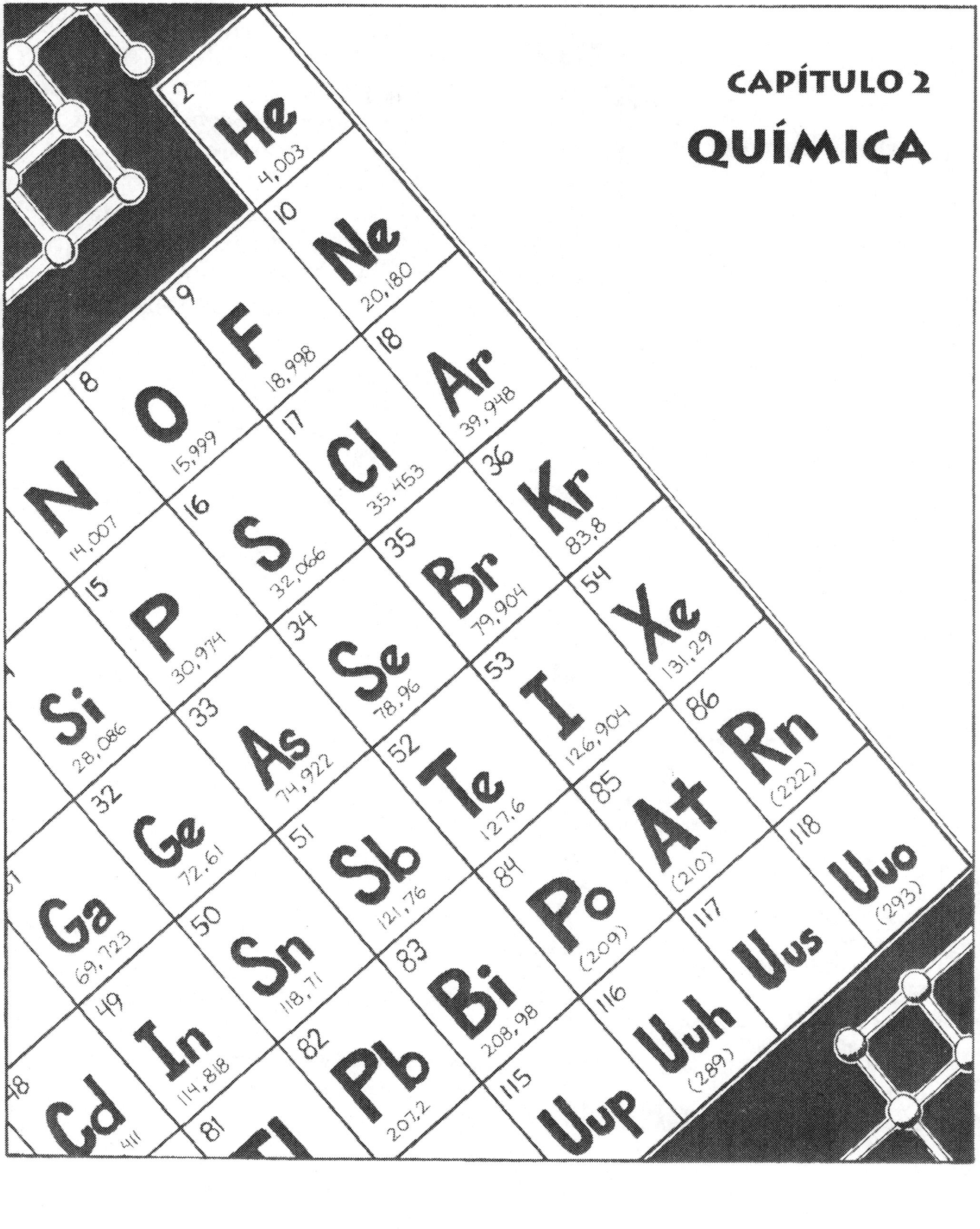

PROPIEDADES QUÍMICAS

Todos los materiales que puedes ver y muchos de los que no puedes se agrupan con arreglo a determinadas características, entre las que se incluyen la densidad, presión, temperatura, volumen, estado y peso atómico. En este capítulo abordarás algunas cuestiones relacionadas con todas ellas, pero haciendo un especial hincapié en el estado, la densidad y la presión.

Curiosidades

Cuando los lagos se hielan en invierno, lo hacen de arriba a abajo. Cuando la superficie se hiela, el agua situada debajo de la costra helada queda protegida del frío. Es así cómo sobreviven los peces.

TERMINOLOGÍA

Sólido: estado en el que un material es duro y habitualmente muy denso. Un cuerpo sólido mantiene su forma incluso fuera de un recipiente.

Líquido: estado en el que un material es un fluido y es menos denso que un sólido, aunque más denso que un gas. Los líquidos asumen la forma del recipiente que los contiene, pero no se expanden para conseguirlo.

Gas: estado de alta energía en el que un material es un conjunto de moléculas que se mueven al azar y a gran velocidad. Los gases asumen la forma del recipiente que los contiene, pero se expanden o comprimen para conseguirlo.

Segunda Ley de la Termodinámica: el calor siempre fluye desde un objeto más caliente a otro más frío.

PRUÉBALO

HERVIR HIELO

La mayoría de los materiales con masa existen en tres estados diferentes: sólido, líquido y gaseoso. Cada estado tiene sus propiedades, que describen el material de formas muy especiales. Consideremos el agua, por ejemplo. ¿Sabes qué aspecto tiene en estado sólido, líquido y gaseoso?

PREGUNTA

¿Por qué un cazo de agua hirviendo deja de hervir cuando se introduce un cubito de hielo?

MATERIAL NECESARIO

- Cazo de agua
- Fogón
- Varios cubitos de hielo

PROCEDIMIENTO

1. Pon el cazo de agua en el fogón y llévala a ebullición. Pide permiso a un adulto.
2. Cuando el agua hierva con regularidad, introduce varios cubitos de hielo en el cazo, manteniendo siempre la ebullición. Observa lo que ocurre.

¿QUÉ OCURRE?

La ebullición debería detenerse de inmediato. ¿Por qué? Pues a causa de la Segunda Ley de la Termodinámica, según la cual, el calor procedente del fogón siempre fluye hacia el objeto más frío que hay en el cazo, en este caso, el hielo. De ahí que el calor del fogón deje de hervir el agua y empiece a fundir el agua sólida.

Y AHORA SIGUE TÚ

Cuando finalmente se funde el hielo, ¿vuelve a hervir el agua inmediatamente?[1] Al hervir de nuevo, observa el vapor que se eleva del cazo. ¿Cuál es su origen? Es la misma agua en otro estado, un gas, y se llama vapor de agua. Lo vemos cuando nos damos una ducha en un cuarto de baño frío y también en forma de nube o niebla.

____

____

____

____

____

____

Ciencia *on-line*

En 1869, un químico ruso llamado Dimitri Mendeleyev ordenó todos los materiales conocidos en el universo en una tabla conocida como Tabla Periódica de los Elementos. Cada elemento está definido por una diferente disposición de protones, electrones y neutrones. La tabla está organizada de tal modo que los elementos se listan a tenor de su número atómico, es decir, el número de protones.

A continuación encontrarás tres enlaces de páginas interactivas que muestran la Tabla Periódica.

Elementos químicos
www.chemicalelements.com
Química fácil
www.chemicool.com
Elementos Web
www.webelements.com

Curiosidades

¡Se necesita siete veces más energía para fundir 1 kg de hielo que para hervir 1 litro de agua!

PRUÉBALO

UVA FLOTANTE

Una de las múltiples formas en las que se puede describir un material es por su densidad. La densidad es la medida de la solidez de una cosa. Por ejemplo, el agua es menos sólida que un bloque de hormigón, y su densidad es, pues, menor. Los científicos usan una fórmula en la que intervienen la masa (cantidad de materia que tiene un cuerpo) y el volumen (espacio que ocupa la materia) para calcular la densidad de un objeto. Cuanto menos denso es, menos compactadas están sus partículas y más espacio tiende a ocupar.

La densidad es lo que hace que los globos floten en el aire, los cubitos de hielo floten en un vaso de refresco y las piedras se hundan al lanzarlas a un lago. ¡Pero también puede ser divertida! Veamos un truco que sin duda asombrará a tus amigos.

PREGUNTA

¿Puedes conseguir que una uva flote en un vaso de agua?

Citas interesantes

La ciencia no es sino el perfeccionamiento del pensamiento cotidiano.

Albert Einstein

MATERIAL NECESARIO

- 4 vasos
- Cinta adhesiva
- Rotulador
- Vaso grande de medidas
- Agua y azúcar
- Uva
- Cuchara

PROCEDIMIENTO

ADVERTENCIA: Antes de hacer este truco en público, deberías practicarlo un poco.

1. Con cinta adhesiva y un rotulador etiqueta cada vaso: nº 1, nº 2, nº 3 y nº 4.
2. Llena de agua el vaso de medidas y disuelve la cantidad suficiente de azúcar para que la uva flote en la superficie. Si parte del azúcar no se disuelve, deja que precipite en el fondo del vaso.
3. Llena de agua el vaso nº 1.
4. Mete una uva en el vaso nº 1 y observa lo que ocurre.
5. Llena de solución de agua azucarada el vaso nº 2 que has preparado previamente.
6. Mete una uva en la solución de agua azucarada. Debería flotar en la superficie.
7. Ahora llena de solución de agua azucarada el vaso nº 3.
8. Lenta y cuidadosamente llena de agua corriente en resto del vaso nº 3, procurando NO mezclarla con el agua azucarada, más pesada, del fondo.

la separación entre el agua corriente y el agua azucarada.

Y AHORA SIGUE TÚ

Utiliza el último vaso (nº 4) para ver si eres capaz de elaborar otra solución de agua azucarada que, una vez mezclada, haga flotar la uva en medio del vaso, al igual que en el vaso nº 3.

Para ello, introduce una cuchara en el vaso y deja que el agua se precipite sobre ella. Así evitarás que se mezcle. No es fácil conseguirlo, pero cuando domines la técnica podrás diferenciar perfectamente los dos líquidos.

9. Mete una uva en el vaso nº 3 y observa cómo se comporta.

¿QUÉ OCURRE?

La uva es más densa que el agua, de manera que se hunde de inmediato en el vaso. La solución de agua azucarada tiene una mayor cantidad de materia que el agua corriente y es, pues, más densa. También es más densa que la uva, de manera que ésta flotará sobre ella. El tercer vaso es tu vaso «truco». Sólo tú sabes lo que contiene; tus amigos no. La uva se hunde en el agua, pues es más densa que el agua, pero flota en la superficie de la solución de agua azucarada al ser menos densa que dicha solución. Si la preparas con la suficiente antelación, será casi imposible detectar

Curiosidades

La densidad del sol es 1,41 veces la del agua. Veamos cuál es la densidad del sol y de los planetas de nuestro sistema solar como múltiplos de la densidad del agua.

Sol:	*1,41*
Mercurio:	*5,43*
Venus:	*5,42*
Tierra:	*5,52*
Marte:	*3,93*
Júpiter:	*1,33*
Saturno:	*0,69*
Urano:	*1,32*
Neptuno:	*1,64*
Plutón:	*2,06*

PRÁCTICAS DE LABORATORIO

PREGUNTA ¿Puedes hacer que un líquido flote?

ANÁLISIS DEL EXPERIMENTO Vas a verter líquidos de diferentes densidades en el mismo recipiente y a conseguir una solución estratificada. Con la ayuda de colorantes observarás cómo cada nuevo líquido que añadas a la solución se sitúa en el estrato «correcto». Por último, «limpiarás» algunos estratos de agua coloreada y tendrás la oportunidad de considerar otras posibles pautas de color.

CONCEPTO CIENTÍFICO Los cubitos de hielo flotan en el agua porque el hielo es menos denso que el agua. Del mismo modo, una gota de aceite tiende a sobrenadar en la superficie del agua, pues también es menos densa que ésta. No obstante, los objetos sólidos, o incluso los líquidos más espesos, se hundirán: son más densos. Para comparar la densidad de dos o más materiales, dispón un recipiente con diferentes estratos de líquidos, cada uno de distinta densidad. Observando cómo se separan entre sí, los científicos pueden identificar materiales desconocidos, lo cual simplifica la tarea de limpieza de la contaminación en lagos y ríos.

MATERIAL NECESARIO

- Colorante para alimentos rojo y azul
- Vaso de medidas
- Vaso de jarabe de maíz
- Botella de cristal
- Un vaso de aceite vegetal
- $^1/_2$ vaso de agua
- $^1/_2$ vaso de lejía (¡Ten mucho cuidado con esta sustancia! Pide siempre la ayuda de un adulto antes de manipularla)

Curiosidades

El aire que respiramos está compuesto de varios gases, pero los dos más importantes son el nitrógeno y el oxígeno. Los porcentajes son los siguientes:

nitrógeno (78 %)
oxígeno (21 %)
otros gases (1 %)

PROCEDIMIENTO

1. Mezcla colorante rojo en un vaso lleno de jarabe de maíz y viértelo en la botella.
2. Echa el aceite en la botella, sobre el jarabe. ¿Se mezclan los dos líquidos?
3. Mezcla ahora el colorante azul en un vaso de medidas lleno de agua. Vierte el agua en la botella, sobre el aceite. Déjalo en reposo varios minutos. ¿Dónde se ha situado el agua al echarla en la botella? ¿Puedes explicar por qué?
4. Llegados a este punto, deberías distinguir tres estratos claramente diferenciados: en el fondo el rojo; en medio, una capa más fina de azul; y encima un estrato transparente.
5. Ahora añade lejía a la mezcla y observa lo que le ocurre al agua azul. Deberás esperar algunos minutos.

Curiosidades

¿Sabías que el cemento y el acero pueden flotar? Según el principio de Arquímedes, los objetos están sustentados por una fuerza igual al peso del agua que desplazan. De ahí que los grandes buques, si están correctamente diseñados, floten en el mar.

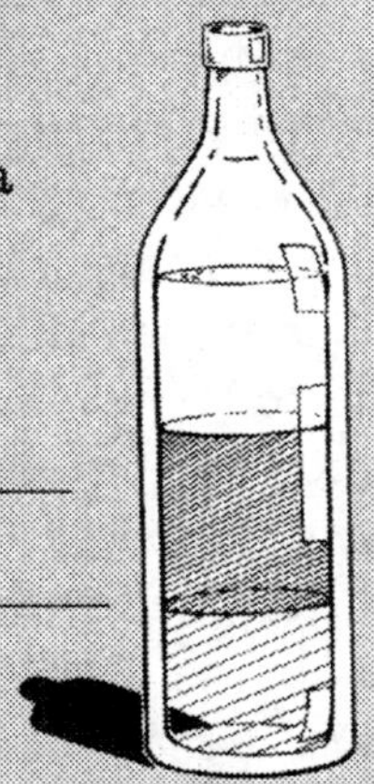

PREGUNTAS PARA EL CIENTÍFICO

- ¿Qué le ha ocurrido al agua azul? ________________
- ¿Puedes describir dónde se ha situado la lejía? ________________
- ¿Por qué la lejía no se ha mezclado con el jarabe? ________________

CONCLUSIONES Los tres primeros líquidos tienen densidades diferentes y forman otros tantos estratos en la botella. Al añadir la lejía, pasa a través del aceite, pues es más densa, pero no tanto como el jarabe de maíz, de manera que no se hunde por debajo de esta capa. Se sitúa, pues, en el mismo nivel que el agua azul, se mezcla con ella y le devuelve su transparencia habitual.

Y AHORA SIGUE TÚ Intenta elaborar una mezcla con tres franjas: roja, blanca y azul, por este orden. Para ello deberías teñir el aceite (el estrato superior) de rojo o azul. ¿Por qué es imposible hacerlo? ________________

PRUÉBALO

AGUA FLOTANTE

Estamos rodeados de aire. Lo respiramos, lo usamos para hinchar los neumáticos del coche y lo sentimos cuando sopla el viento. Uno de los aspectos más sorprendentes del aire es que no podemos verlo ni saborearlo, y sólo en determinados casos podemos sentirlo, oírlo y olerlo. Con todo, es un elemento esencial para nuestra vida.

Cuando el aire está en el interior de un recipiente, ejerce presión sobre todo cuanto lo rodea. Esta presión es lo que crea el viento y el clima, lo que hace que los aviones vuelen y que los neumáticos del coche se mantengan inflados y puedan rodar por la carretera. Dicho en términos llanos, la presión del aire forma parte de todo lo que hacemos.

Con este simple experimento «mágico» realizarás algo que en realidad no tiene nada de mágico. Cuando comprendas cómo actúa la presión del aire, podrás asombrar a tus amigos con la demostración y luego explicando cómo funciona.

Citas interesantes

La imaginación es más importante que el conocimiento. El conocimiento es limitado. La imaginación da la vuelta al mundo.

Albert Einstein

PREGUNTA

¿Serías capaz de conseguir que el agua flotara en el aire?

MATERIAL NECESARIO

- Vaso de agua pequeño, de plástico transparente
- Fregadero, bañera o bandeja para recoger el agua que cae mientras haces la demostración
- Trozo de papel o cartulina lo bastante grande como para cubrir la boca del vaso

PROCEDIMIENTO

1. Llena de agua el vaso hasta tres cuartas partes de su capacidad. La cantidad de agua no es importante, aunque te resultará más difícil hacerlo si está lleno.
2. Sostén el vaso sobre el fregadero y, lentamente, dale la vuelta. El agua se derramará.
3. Ahora llénalo de nuevo y pon el papel o la cartulina en la boca del vaso, asegurándote de que la cubre por completo.
4. Presiónalo suavemente pero con firmeza mientras das la vuelta al vaso.
5. Sigue sujetando la cartulina durante unos segundos y luego retira la mano. La cartulina debería permanecer en su sitio, dando la impresión de que el agua flota en el interior del vaso sin nada que la sostenga.

¿QUÉ OCURRE?

Al invertir el vaso la primera vez, el agua se derramó a causa de la gravedad, que tiraba de ella hacia el fregadero. La única forma de evitarlo es encontrar una fuerza que la contrarreste. Es ahí donde entra en escena la presión del aire.

Al colocar la cartulina, puedes observar su efecto. El aire situado debajo del vaso empuja la cartulina hacia arriba, al igual que lo hace con todo cuanto te rodea. En este caso, la fuerza ascendente es suficiente para anular el efecto de la gravedad en el agua y mantenerla «flotando» en el vaso.

Dependiendo de la resistencia de la cartulina, es posible que se escape un poco de agua. Esto querrá decir que el sellado empieza a ceder y que la cartulina ya no es capaz de contrarrestar la fuerza de la gravedad. El agua no tardará en derramarse.

PRÁCTICAS DE LABORATORIO

PREGUNTA ¿Puedes introducir un huevo en una botella sin tocarlo?

ANÁLISIS DEL EXPERIMENTO El aire tiene la facultad de mover objetos hacia dentro y hacia fuera de lugares en los que, por su tamaño, no podrían pasar En este experimento conseguirás introducir un huevo duro en una botella sin tocarlo.

CONCEPTO CIENTÍFICO El aire se comporta de formas muy curiosas. Siempre fluye de alta presión a baja presión. De ahí que cuando agujereas un neumático de tu bicicleta el aire escape. En este experimento vas a colocar un huevo duro entre la alta presión (el aire exterior) y la baja presión (el aire interior de la botella). En realidad, al aire no le gusta estar encerrado y empujará cualquier cosa que se interponga en su camino (¡el huevo!). Aprovechando este principio, el huevo penetrará en el interior de la botella.

Para que funcione, deberás reducir la presión dentro de la botella hasta tal punto que el aire exterior obligue al huevo a entrar en ella, y lo harás con unas cuantas cerillas, que arderán hasta consumir el oxígeno que hay en el interior de la botella. Ahora hay menos aire en la botella del que había anteriormente, ya que una parte del mismo ha sido consumido por el fuego y, en consecuencia, la presión del aire se ha reducido. Cuando el aire exterior penetre en la botella, el huevo se deslizará en su interior.

MATERIAL NECESARIO

- Botella o tarro de boca ancha, lo suficiente para que el huevo se sostenga sobre ella. Si es demasiado estrecha, es probable que no consiga entrar.
- Huevo duro sin cáscara
- 3 cerillas
- Trocito muy pequeño de papel

PROCEDIMIENTO

Entrada

1. Coloca el huevo en la boca de la botella, de manera que quede bien asentado en ella y sin deslizarse en el interior de la misma. Presiónalo un poco para comprobar que está bien asentado.
2. Retira el huevo e introduce en la botella tres cerillas ardiendo con el papel. ¡Pide la ayuda de un adulto para manipular las cerillas!
3. Pon rápidamente el huevo en la boca de la botella, sellando por completo la boca.
4. Observa lo que ocurre cuando las cerillas se apagan.

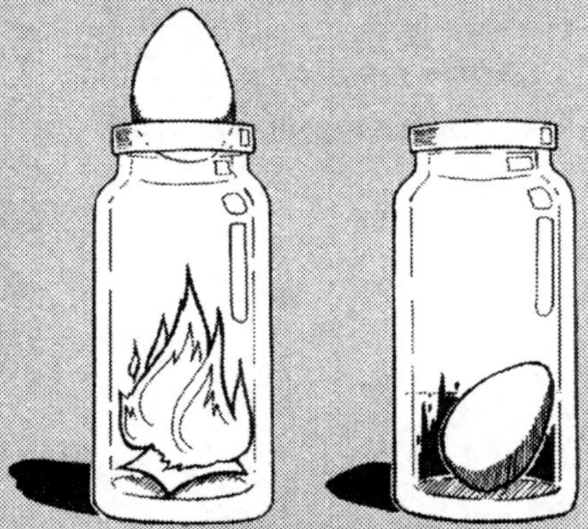

Salida

1. Vuelve la botella del revés para que el huevo se sitúe en la abertura de la misma, sin salir. Sopla (pide la ayuda de un adulto).
2. Cuando la presión interior aumente, el huevo debería salir de la botella, recogiéndolo en tu boca.

PREGUNTAS PARA EL CIENTÍFICO

- ¿Por qué se deslizó el huevo en el interior de la botella? ______
- ¿Qué relación tienen las cerillas ardiendo con este experimento? ______
- ¿Se te ocurren otros ejemplos de aire que fluye de una presión alta a una presión baja? ______

TERMINOLOGÍA

Ácido: sustancia de sabor amargo, como el limón. Si es lo bastante fuerte, puede quemar la piel.

Base: sustancia de sabor acre, como el café molido. Si es lo bastante fuerte (p. e., amoníaco o lejía), también puede ser peligrosa.

REACCIONES QUÍMICAS

¿Alguna vez has mordido un limón y has percibido su sabor extremadamente amargo? ¿Te has preguntado en alguna ocasión por qué los alimentos tienen un sabor especial? En la naturaleza hay «ácidos» y «bases». Los limones y otros cítricos contienen ácido cítrico y ascórbico (vitamina C), excelentes para la salud. Pero también tienen un sabor amargo. Por otro lado, algunos alimentos que comemos se llaman bases, y están situados en el extremo opuesto de los ácidos en la escala de sabores. Las bases incluyen sustancias tales como el bicarbonato sódico (da volumen a la masa horneada), las tabletas antiácidos (facilitan la digestión) y algunos jabones.

Curiosidades

El pH es lo que usan los científicos para medir la acidez de una sustancia. Un valor de pH de 7 se llama neutro, un valor superior indica base y un valor inferior indica ácido. Veamos algunos ejemplos de valores de pH:

Alimentos	**pH**
Limones	*2,3*
Fresas	*3,2*
Tomates (enteros)	*4,6*
Patatas	*6,1*
Maíz dulce	*7,3*
Claras de huevo	*8*

PRUÉBALO

INDICADOR DE COL ROJA

Existen innumerables formas de verificar si algo es ácido o base. Ahora puedes hacerlo cómodamente en tu casa.

PREGUNTA

¿Cómo puedes saber si un alimento es ácido o base?

MATERIAL NECESARIO

- Indicador de col roja (líquido de un tarro de col roja)
- Cuentagotas
- Plato pequeño para cada uno de los materiales que quieras verificar, por ejemplo:
  - Zumo de limón
  - Zumo de naranja
  - Bicarbonato sódico

Vinagre
Tableta antiácido
Bolsita de té (mezcla el té con agua
como de costumbre)
Café molido

PROCEDIMIENTO

1. Vierte un poco de indicador en varios platitos.
2. Con un cuentagotas, añade una pequeña cantidad de cada test en un plato y observa lo que le ocurre al indicador.

¿QUÉ OCURRE?

En algunas muestras del test, el indicador adquirirá una tonalidad rosada. Ahí tienes un ácido. Otras muestras deberían virar el indicador a un azul verdoso. Son bases. Ahora que ya sabes lo que debes buscar, ¿puedes encontrar otros ácidos y bases en la cocina?

ADVERTENCIA: Algunos ácidos son muy peligrosos para el ser humano. Evita el contacto con la piel y no ingieras bajo ningún concepto las sustancias con las que estás experimentando.

TERMINOLOGÍA

Indicador: líquido, como por ejemplo el zumo de una col roja, que indica si algo es ácido o base.

Citas interesantes

La frase más apasionante que se puede oír en ciencia no es «¡Eureka!» (lo encontré), sino la que proclama nuevos descubrimientos: «Es curioso...».

Isaac Asimov, escritor y bioquímico

PRUÉBALO

PELA UN HUEVO CRUDO

Ahora que ya sabes cómo verificar la presencia de un ácido, estás listo para verificar lo que es capaz de hacer con algunos alimentos.

PREGUNTA

¿Cómo puedes pelar un huevo crudo sin tocarlo?

MATERIAL NECESARIO

- Huevo crudo
- Vinagre
- Vaso pequeño

PROCEDIMIENTO

1. Introduce el huevo en el vaso.
2. Añade la suficiente cantidad de vinagre para cubrir el huevo entero.
3. Déjalo en reposo durante algunos días.
4. Transcurrido este período, observarás que la cáscara ha desaparecido y que el huevo deja transparentar el interior. Es posible que tengas que raspar un poco algunas partes del huevo para eliminar por completo el cascarón.

¿QUÉ OCURRE?

El ácido del vinagre se «come» la cáscara del huevo. La transparencia que observas no es sino la membrana que envuelve la yema y la clara. Es posible que hayas advertido un cierto burbujeo en el proceso de «pelado». Las cáscaras de huevo están com-

Burbujas divertidas

¿Puedes encontrar el camino desde la SALIDA hasta la LLEGADA sin hacer estallar ninguna burbuja?

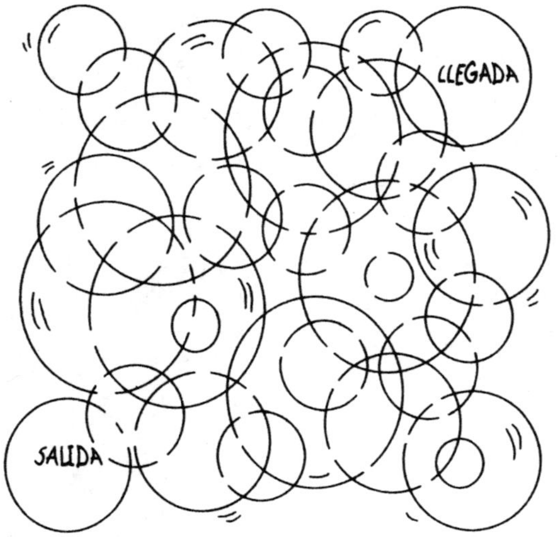

puestas de carbonato cálcico, que reacciona con el vinagre y produce acetato de calcio, dióxido de carbono y agua.

PRUÉBALO

ESPUMA EN LA BOCA

Cada día te metes en la boca algo que tiene la facultad de producir burbujas de un modo similar al examinado en el experimento anterior. Sin embargo, en este caso los ácidos no tienen nada que ver con esta reacción. Basta con pasta dentífrica y un bote de bicarbonato.

PREGUNTA

¿Cómo puedo producir espuma en la boca?

MATERIAL NECESARIO

- Pasta dentífrica que contenga carbonato sódico
- Cepillo de dientes
- Bicarbonato sódico o agua
- Fregadero

PROCEDIMIENTO

1. Cepíllate los dientes con la pasta dentífrica.
2. En lugar de escupirla cuando hayas terminado, abre la boca y añade una pizca de bicarbonato sódico o agua. Notarás un cierto hervor.
3. Abre la boca y deja que la espuma se derrame.

ADVERTENCIA: Realiza este experimento bajo la supervisión de un adulto y no tragues la espuma ni intentes retenerla en la boca.

¿QUÉ OCURRE?

Los componentes del dentífrico están diseñados para burbujear. Al añadir el líquido carbónico se multiplica la formación de burbujas.

TERMINOLOGÍA

Soda carbónica: bebida suave y espumosa que contiene gas dióxido de carbono.

Curiosidades

Las nuevas técnicas de higiene dental implican el uso de bicarbonato sódico a modo de abrasivo, sustituyendo a la acción de frotar.

Asimismo, la pasta dentífrica con un contenido de bicarbonato sódico es una forma muy eficaz de eliminar las marcas de lápiz de las paredes.

PRÁCTICAS DE LABORATORIO

PREGUNTA ¿Cómo se producen las burbujas espumosas?

ANÁLISIS DEL EXPERIMENTO En este experimento producirás diferentes combinaciones de mezclas que reaccionan formando soluciones espumosas. Empezarás con una mezcla de bicarbonato sódico y vinagre, y luego continuarás elaborando una «bebida refrescante» apta para el consumo... aunque de un sabor no especialmente agradable: soda de limón.

CONCEPTO CIENTÍFICO Algunas sustancias, al entrar en contacto con otras, reaccionan formando burbujas. A menudo, los ácidos y las bases se combinan para formar dióxido de carbono, el cual, como gas, es lo que confiere su consistencia espumosa al bicarbonato sódico. Vas a experimentar con diversos ingredientes comunes para determinar cuáles reaccionan de esta forma.

MATERIAL NECESARIO

Primera parte

- $^1/_2$ vaso de vinagre
- Botella o tarro de cristal
- 2 cucharadas de bicarbonato sódico
- $^1/_2$ vaso de agua

Segunda parte

- Colorante para alimentos
- Jarra de agua
- 3 cucharaditas de bicarbonato sódico
- 2 cucharadas de azúcar
- 2 cucharadas de zumo de limón

Tercera parte

- Vaso grande lleno de agua
- Pedazo pequeño de hielo seco (lo encontrarás en muchos supermercados o pescaderías). Pide a un adulto que lo compre y manipule

TERMINOLOGÍA

Solución: mezcla de dos o más líquidos.

PROCEDIMIENTO

Primera parte

1. Echa el vinagre en la botella o tarro.
2. Disuelve bicarbonato sódico en agua y vierte la mezcla en la botella.
3. Observa lo que ocurre.

Segunda parte

1. Con el colorante para alimentos, tiñe el agua de la jarra de la tonalidad que hayas elegido. El colorante se usa sólo para apreciar la reacción, pero una vez preparado el brebaje podrás beberlo. Elige, pues, un color que te apetezca a la hora de ingerirlo.
2. Mezcla bicarbonato sódico y azúcar, y remuévelo hasta que se disuelva.
3. Añade zumo de limón y observa la formación de espuma.

Tercera parte

1. Pon el hielo seco en el agua y observa lo que ocurre. ADVERTENCIA: el hielo seco es muy frío y debes manipularlo con guantes y bajo la supervisión de un adulto.

PREGUNTAS PARA EL CIENTÍFICO

- ¿Qué tipo de sustancias han reaccionado formando burbujas? ____________
- ¿Qué sabor tenía el bicarbonato? ¿Se te ocurren otros ingredientes que pudieras añadir para mejorar el sabor de la pasta dentífrica? ____________
- ¿Daría el mismo resultado con el zumo de otras frutas en lugar de limón? ____________
- ¿Podrías usar hielo seco para elaborar una bebida carbónica? ____________

Curiosidades

Los óxidos son lo que producen los metales en presencia de oxígeno. El más conocido es el óxido de hierro, u orín.

Las monedas circulan una media de 25 años.

PRUÉBALO

LIMPIAR UNA MONEDA

Algunas reacciones químicas pueden eliminar la suciedad de un objeto. Los detergentes lo hacen con las prendas de vestir y la vajilla, y el jabón que usas en el baño o la ducha hace lo mismo con el cuerpo. Pero ¿qué ocurre con los metales? Son difíciles de limpiar.

PREGUNTA

¿Cómo limpiarías una moneda?

MATERIAL NECESARIO

- Vinagre
- Vaso de cristal
- Monedas oxidadas
- Cucharadita de sal

PROCEDIMIENTO

1. Echa el vinagre en el vaso y llénalo hasta la mitad.
2. Añade la sal y remueve hasta que se disuelva.
3. Echa varias monedas sucias en el vaso.
4. Transcurridos unos minutos, retira una moneda y ponlas a secar en un papel de cocina.

Ciencia *on-line*

Si quieres saber cómo se fabrica el dinero y cuánto dinero se fabrica, visita la página Web de U.S. Mint's: www.usmint.gov

5. Retira las demás monedas y enjuágalas con agua antes de dejarlas secar.
6. Observa la diferencia entre los dos grupos de monedas transcurridos algunos minutos después de haberlas retirado de la solución de vinagre y sal.

¿QUÉ OCURRE?

La solución de vinagre y sal ablanda los residuos de suciedad (óxido de cobre) depositados en las monedas. Una vez eliminados, las monedas brillan de nuevo. Al enjuagarlas, el proceso de limpieza se detiene y permanecen brillantes. Por su parte, las monedas que no has enjuagado conservan restos de solución, y al entrar en contacto con el oxígeno del aire, se produce otra reacción, que les confiere un color azul-verdoso.

Y AHORA SIGUE TÚ

Realiza este mismo experimento con otras monedas de diferentes valores. ¿Obtienes el mismo resultado?[2]

PRÁCTICAS DE LABORATORIO

PREGUNTA ¿Cómo se abrillantan los objetos de metal?

ANÁLISIS DEL EXPERIMENTO La galvanoplastia es un proceso por el cual se desprenden átomos de un metal y se utilizan para revestir otro objeto. Se trata de un proceso complejo que implica el uso de electricidad y que es difícil de realizar en un laboratorio doméstico. Este experimento no versa sobre la galvanoplastia propiamente dicha, pero produce una transferencia del cobre de unas cuantas monedas a unos clavos.

CONCEPTO CIENTÍFICO Es posible desprender átomos de un material, como por ejemplo, el cobre, y hacerlos flotar en un líquido sin que puedas apreciarlo. Para ello, sólo necesitas «disuadirlos» para que se adhieran al metal que quieres recubrir (galvanizado). En este caso, la solución de vinagre y sal desprende los átomos de óxido de cobre que deseas transferir hasta otro objeto metálico. Los clavos atraen los átomos de cobre que flotan en el agua, adhiriéndose a ellos y revistiéndolos.

TERMINOLOGÍA

Galvanoplastia: proceso que usa un metal para revestir otro.

MATERIAL NECESARIO

- Solución de vinagre y sal preparada según se indica en la actividad «Limpiar una moneda» en la p. 52
- Dos clavos limpios o clips sujetapapeles
- Monedas oxidadas

PROCEDIMIENTO

1. Prepara una solución de vinagre y sal siguiendo las instrucciones de la actividad anterior.
2. Sumerge las monedas oxidadas en la solución hasta que estén limpias.
3. Retira las monedas y déjalas a un lado.
4. Introduce los clavos en la solución restante y déjalos en remojo durante algunas horas.
5. Retira con cuidado los clavos y obsérvalos detenidamente para comprobar si han cambiado de color. Si no lo aprecias a simple vista, introdúcelos de nuevo en la solución. Si deseas acelerar el proceso, introduce más monedas oxidadas en la solución junto con los clavos.

PREGUNTAS PARA EL CIENTÍFICO

- ¿De qué material es el revestimiento de los clavos? ____________________
- ¿Por qué no puedes ver tal revestimiento en la solución antes de introducir los clavos? ____________________

____

CONCLUSIONES

Estás asistiendo a un proceso realmente asombroso. La solución ácida no sólo desprende y elimina el óxido de las monedas, que es una combinación de cobre y oxígeno llamada óxido de cobre, sino que al hacerlo, también libera átomos de cobre en la solución. Estos átomos son tan minúsculos que lógicamente no puedes verlos, pero flotan en la solución ácida hasta que encuentran un metal de carga negativa al que adherirse. Cuando introduces los clavos en el ácido, algunos de sus átomos también se desprenden y flotan en la solución con una carga negativa. Los átomos de cobre son atraídos hacia los clavos, adhiriéndose a ellos y confiriéndoles una ligera tonalidad cobriza.

PROYECTO CIENTÍFICO: QUÍMICA

CONSTRUCCIÓN DE UN BARÓMETRO

Los meteorólogos que dan el parte diario en televisión a menudo se refieren a la presión atmosférica (barométrica) como un indicador de las condiciones actuales y de las previstas. En particular, te dirán si la presión está subiendo o bajando. En general, un ascenso de la presión o la presencia de un sistema de altas presiones indica que el tiempo está mejorando. Cuando el aire se calienta, la presión tiende a subir, mientras que el aire frío suele ir acompañado de presiones más bajas. Lo mismo ocurre al subir a una montaña. En las elevaciones, el aire es menos denso y más frío, lo que significa que la presión es más baja.

No es difícil construir un barómetro que te permita predecir el tiempo desde el confort de tu casa.

PREGUNTA

¿Cómo funciona un barómetro?

ANÁLISIS DEL EXPERIMENTO

Vas a construir un barómetro doméstico que te permitirá hacer un seguimiento del tiempo durante varios días y predecir el tiempo, y esto lo harás con niveles de agua en una botella vacía de dos litros de capacidad para registrar el ascenso o descenso de la presión atmosférica. Tras haber recopilado los datos de algunos días, podrás comparar tus predicciones con las de los meteorólogos de la televisión.

CONCEPTO CIENTÍFICO

Los barómetros se usan para medir la presión del aire exterior en un momento determinado. También se pueden utilizar para predecir el tiempo. Esto requiere realizar un seguimiento de los valores de la presión a lo largo del tiempo para determinar si la tendencia es ascendente o descendente.

Midiendo la altura del agua en la botella, que varía según la presión del aire exterior, podrás comparar el valor de un día con el del siguiente. Con el tiempo, podrás usar estos cambios en los niveles de altura del agua para realizar tus propias predicciones.

MATERIAL NECESARIO

- Botella de plástico vacía de 2 litros (las botellas más pequeñas también dan buenos resultados)
- Acuario
- Agua
- Rotulador
- Papel
- Cuchillo o tijeras

PROCEDIMIENTO

1. Con un cuchillo o unas tijeras recorta la base de la botella de plástico, de manera que se pueda mantener en pie sobre la mesa. Tal vez necesites la ayuda de un adulto.
2. Llena de agua el acuario hasta la mitad.
3. Con la base de la botella cortada, cierra herméticamente el tapón e inviértelo, de tal modo que el cuello de la botella se convierta en la base de la misma cuando esté llena. Llénala de agua hasta que, una vez invertida, el nivel quede por encima del acuario. Tendrá el aspecto de una especie de embudo. Luego, invierte la botella e introdúcela en el acuario, bien asentada en el fondo. Haz una marca en la botella indicando el nivel del agua.
4. Coge una tira de papel y marca una escala a intervalos regulares, partiendo de cero. Lo utilizarás para hacer un seguimiento de los cambios de altura. Para apreciar los pequeños cambios, procura que la escala sea bastante pequeña, empezando con marcas de 1 milímetro.
5. Pega la escala de medición en el lateral de la botella, ajustando el punto cero en el nivel exacto del agua de la botella.
6. Haz una marca en la escala de medición en

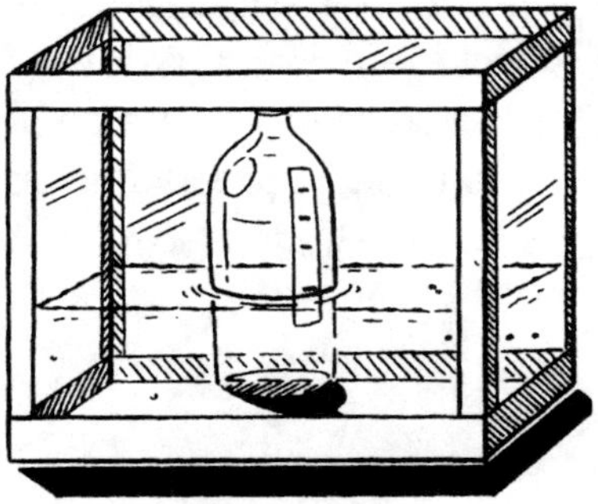

el nivel de agua inicial. Usa la marca para indicar la fecha de tu primera medición.

7. Espera veinticuatro horas y mídelo de nuevo, haciendo otra marca, que representará la medición del segundo día.
8. Sigue midiendo el nivel del agua, día a día, durante una semana. Transcurrido este período, retira la escala y observa las mediciones.

PREGUNTAS PARA EL CIENTÍFICO

- ¿Ha cambiado el nivel del agua a lo largo de la semana?
- ¿Ha subido o ha bajado?
- ¿Qué tipo de cambio en la presión del aire produce estas alteraciones en el nivel del agua?
- ¿Qué predicción del tiempo realizarías sobre la base de los cambios en el nivel?
- ¿Coinciden tus mediciones con las predicciones de los meteorólogos?

Ahora que has realizado este experimento, puedes repetirlo con más escalas de mediciones y haciendo predicciones semanales.

¡Enhorabuena! ¡Ya eres un meteorólogo!

TERMINOLOGÍA

Meteorólogo: persona que estudia e informa de las condiciones del tiempo.

CONCLUSIONES

Si la presión del aire sube, el aire exterior de la botella actúa sobre el agua del acuario, que penetra en la botella. Esto produce un incremento en su nivel. Cuando los meteorólogos usan el término «milímetros de mercurio», están utilizando una escala similar para medir la altura de otro líquido, que también reacciona a causa de presión del aire exterior.

Si el tiempo ha sido bastante estable durante la semana, es posible que apenas hayas apreciado cambios en el barómetro. ¡No te desanimes! Ten paciencia e inténtalo de nuevo. Este experimento da resultado durante todo el año.

CAPÍTULO 3

FÍSICA

MOVIMIENTO

Los parques infantiles son divertidos. Tanto si te columpias, trepas por las estructuras de barras o montas en balancín, las posibilidades de pasar un rato entretenido son innumerables. Aunque no se columpien ni trepen, a los profesores de física les encantan los parques infantiles. Los movimientos que se producen en un parque infantil te pueden enseñar algunas de las leyes de la física más elementales e importantes. ¡Diviértete y aprende!

¿Cómo inició una guerra el científico descuidado?

Inventó la rueda... ¡y provocó una revolución!

PRUÉBALO
OSCILACIÓN

PREGUNTA

¿Cómo mantienes el equilibrio en un balancín?

MATERIAL NECESARIO

- Lápiz
- Regla con indicador de centímetros
- 10 monedas del mismo valor (para que contengan la misma cantidad de metal en su interior)

PROCEDIMIENTO

1. Pon el lápiz sobre una superficie dura, como por ejemplo una mesa.
2. Coloca la regla sobre el lápiz de manera que quede en equilibrio en la marca de 6 cm.
3. Pon cinco monedas en un extremo de la regla.
4. Coge otras cinco monedas y busca el punto en la sección opuesta de la regla en la que ésta quede equilibrada.

Ciencia *on-line*

Aprende más cosas del mundo de la ciencia física. Visita www.explorescience.com

5. Retira las monedas.
6. Ahora coloca seis monedas en la marca de 2 cm de la regla.
7. Busca igual que antes el lugar en el que tienes que colocar sólo tres monedas para que se mantenga en equilibrio.

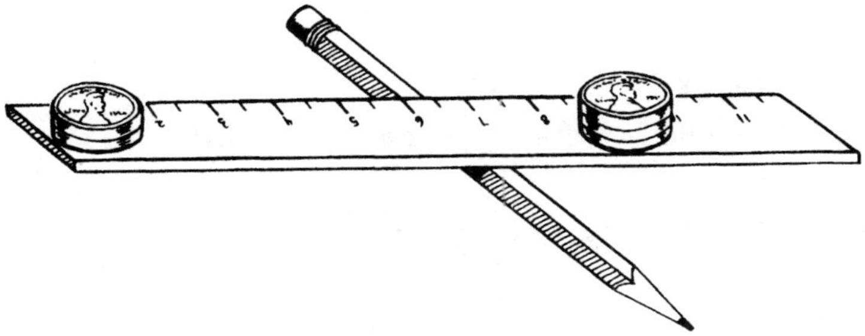

Curiosidades

En la luna la gravedad es alrededor de un sexto la de la Tierra. Esto significa que los objetos caen seis veces más deprisa en la Tierra que en la luna.

¿QUÉ OCURRE?

El lápiz situado debajo de la regla convierte la regla en una palanca, actuando a modo de fulcro o punto de equilibrio. Para equilibrar la regla debe haber la misma fuerza en un lado y otro de la misma. Esta fuerza es la de la gravedad, que actúa sobre el lápiz. Cuanto más lejos del fulcro coloques las monedas, mayor será la gravedad que desequilibra la regla. Veamos un ejemplo. Tres monedas situadas a 4 cm del fulcro ($3 \times 4 = 12$) equilibrarán otras seis situadas a sólo 2 cm del mismo ($6 \times 2 = 12$). ¿Se te ocurren otras combinaciones que equilibren aquellas tres monedas?[1]

Y AHORA SIGUE TÚ

La próxima vez que montes en un balancín y tu compañero pese más que tú, intenta adivinar dónde deberías sentarte para mantener el balancín en equilibrio. ¿Funciona este principio si quien está sentado en el extremo opuesto del balancín es papá o mamá? Si sabes cuánto pesan, deberías ser capaz de identificar fácilmente el lugar en el que debes sentarte.[2]

TERMINOLOGÍA

Palanca: dispositivo que se usa para levantar objetos muy pesados.

Gravedad: fuerza que nos impulsa hacia el centro de nuestro planeta y nos mantiene en tierra.

PRUÉBALO

GLOBOS DE AGUA

Un juego muy divertido consiste en lanzar globos de agua. Puedes jugar con tus amigos, o incluso tus padres, en el patio, en el jardín o en el parque. Se trata de que los globos no estallen. Lógicamente, si lo hacen, te mojarás. Ahí reside precisamente la diversión.

Curiosidades

Un lanzador de globos de agua de confección casera es capaz de enviarlos a una distancia equivalente a dos campos de fútbol.

PREGUNTA

¿Cómo se puede evitar que el globo estalle?

MATERIAL NECESARIO

- Varios globos llenos de agua
- Un amigo al que no le importe mojarse

PROCEDIMIENTO

1. Coge un globo lleno de agua y ponte de cara a tu amigo. Tíraselo. Si la recepción ha sido satisfactoria, alejaos un paso.
2. Cuando tu amigo te lance el globo, retroceded otro paso. Seguid así hasta que el globo estalle.
3. Se trata de comprobar a qué distancia podéis lanzar el globo sin que estalle.

¿QUÉ OCURRE?

Un globo de agua no es sino agua envuelta en un revestimiento de goma (caucho). Mientras no haya nada que haga estallar el revestimiento, el globo permanecerá intacto. El suelo, por ejemplo, es duro («no cede»). Así pues, lo más probable es que se rompa si impacta en el suelo. Por el contrario, la hierba es mucho más blanda, y a menudo los globos no estallan.

Para ganar en un concurso de globos, aplicas lo que se conoce como Teorema del Impulso-Inercia, una forma técnica de decir que si «cedes» un poco el globo con las manos (las echas hacia atrás al atraparlo), la fuerza evitará que estalle.

Y AHORA SIGUE TÚ

Los jugadores de fútbol llevan almohadillas para que las colisiones sean menos dolorosas; los gimnastas y levantadores de peso realizan sus ejercicios sobre colchonetas para amortiguar el impacto; y los esquiadores flexionan las rodillas mientras descienden por la vertiente de una montaña. ¿Se te ocurren otros deportistas que aprovechen este principio físico para amortiguar las consecuencias de un impacto?[3]

____

____

____

____

____

____

____

____

Citas interesantes

Las frases que pronuncio no se deben considerar como afirmaciones, sino como preguntas.

Niels Bohr, físico danés

PRÁCTICAS DE LABORATORIO

PREGUNTA ¿Por qué flotan los barcos?

ANÁLISIS DEL EXPERIMENTO Usando pedazos de barro para modelar y otros simples materiales, descubrirás cómo afectan el tamaño y la forma en la capacidad de flotación de un barco. Asimismo, comprobarás cuánto peso puede soportar y qué diseño es el más adecuado.

CONCEPTO CIENTÍFICO Según el Principio de Arquímedes, los barcos flotan porque el agua los empuja hacia arriba con una fuerza igual a su peso. Es lo que se denomina flotación o sustentación. Puedes coger un objeto (de arcilla o barro de modelar, por ejemplo) y darle una forma que se hunda en el agua o bien que flote, en forma de barco. Tanto tú como los diseñadores de barcos de todo el mundo debéis determinar con qué forma se consigue la máxima flotación. Una vez solucionado el problema, ya puedes empezar a cargar tu barco.

Ciencia *on-line*

Encontrarás un sinfín de respuestas a preguntas relacionadas con el funcionamiento de las cosas en www.howstuffworks.com

MATERIAL NECESARIO

- Depósito de agua (acuario) o cuenco grande
- Barro para modelar
- Monedas
- Clips sujetapapeles

TERMINOLOGÍA

Principio de Arquímedes: todo objeto desplaza su propio peso en el agua.

Curiosidades

Arquímedes es famoso por haber exclamado «¡Eureka... lo encontré!» antes de salir raudo y veloz de la bañera y correr hacia el pueblo cuando descubrió el principio de la flotación o sustentación.

PROCEDIMIENTO

1. Coge un trozo de barro de un tamaño aproximado de tu mano, dale la forma de una bola y échalo en el agua.
2. Moldea ahora el barro de diferentes formas hasta conseguir una que flote. Luego añade monedas, de una en una, hasta que se hunda. Cuenta el número de monedas que has utilizado.
3. Experimenta con distintas formas satisfactorias para ver cuál de ellas es capaz de soportar el peso de más monedas antes de hundirse.

PREGUNTAS PARA EL CIENTÍFICO

- ¿Qué barco de barro soporta más peso? ____________________
- ¿Qué características han contribuido a que pueda soportarlo? ____________________
____
- ¿Se puede aplicar esta idea a los grandes trasatlánticos y buques mercantes que transportan miles de toneladas de carga? ¿Cómo es posible que floten si están construidos de metal? ____________________
____
- ¿Por qué no flotas en el agua tal y como lo hacen los barcos? ____________________

Y AHORA SIGUE TÚ Otra fuerza que actúa como la flotación o sustentación es la resistencia del aire. El aire empuja hacia arriba los objetos que caen de una manera similar a como el agua hace flotar tu barco. El proyecto al término de este capítulo trata de cómo caen los objetos en el aire y qué efecto tiene la resistencia del aire en su velocidad de caída.

Curiosidades

Sir Isaac Newton descubrió sus Tres Leyes del Movimiento mientras se hallaba en el campo intentando evitar la propagación de la peste en la década de 1600, en Inglaterra.

TERMI NO LOGÍA

Inercia: propiedad de un objeto que lo mantiene en movimiento. Esto significa que si se está moviendo, tenderá a seguir en movimiento, y si está en reposo, permanecerá en reposo.

PRUÉBALO

RINCONES

La mayoría de los conceptos que has estudiado en este capítulo están relacionados con la gravedad, pero la física engloba otros muchos principios. Todo cuanto ves son objetos en movimiento (automóviles, aves, hojas, pelotas, niños en un parque, etc.). ¿Te has fijado alguna vez en que cuando viajas en un coche y éste toma una curva «algo» te empuja contra la puerta? ¡El coche gira a la izquierda y tú te desplazas hacia la derecha!

PREGUNTA

¿Por qué te desplazas hacia la puerta al girar el coche?

MATERIAL NECESARIO

- Coche con un adulto al volante (¡ponte siempre el cinturón de seguridad!)
- Carretera con algunas curvas
- Opcional: globo de helio atado a una cuerda

PROCEDIMIENTO

1. Dile a papá o mamá que tome varias curvas a distintas velocidades (¡sin excederse!). Describe lo que sientes al girar y en qué dirección de desplazas.

2. Si tienes a mano un globo, sujétalo de una cuerda para que se mueva libremente en el aire.
3. Dile a papá o mamá que tome unas cuantas curvas más y describe el movimiento del globo.

¿QUÉ OCURRE?

En realidad, algo te está empujando hacia la puerta. La causa está en tu inercia, que está relacionada con cualquier objeto que tiene masa. Es algo parecido a tu peso. La inercia de tu cuerpo se desplaza en la dirección en la que avanzas, y según una ley enunciada por Isaac Newton (Ley de la Inercia), te mantiene en movimiento en esa dirección. Cuando el coche gira, se produce un problema: el coche avanza en una dirección y tu inercia lo hace en otra. El coche es más grande que tú y, por lo tanto, puede hacer que cambies de dirección a través de una fuerza de empuje. Aun así, esto no es exactamente lo que hace que tengas la impresión de que algo te está empujando hacia la puerta. ¡A decir verdad, es ésta la que te empuja a ti para hacerte girar!

Y AHORA SIGUE TÚ

La explicación de la «puerta que te empuja» tampoco justifica el movimiento del globo. ¿Podrías explicar por qué se ha desplazado en la dirección contraria a la tuya? [4]

PRUÉBALO

GLOBO-COHETE

Después de haber aprendido lo que causa que los objetos se muevan en una dirección determinada, ya estás listo para pensar en cómo continúan avanzando en esta misma dirección. Si alguna vez has visto despegar una lanzadera espacial, es probable que hayas observado una enorme nube de gas y fuego saliendo por su extremo inferior. ¿Por qué los cohetes tienen que quemar tanto combustible para poner en órbita una lanzadera?

Curiosidades

Para que un niño de 38 kg flotara en el aire se necesitaría un globo de helio de más de 4 m de diámetro.

PREGUNTA

¿Cómo funcionan los cohetes?

MATERIAL NECESARIO

- Globo
- Hilo largo
- Pajita de refresco
- Cinta adhesiva

PROCEDIMIENTO

1. Hincha el globo y sujeta la abertura con los dedos para que no se escape el aire.
2. Mantén el globo frente a ti y suéltalo. Observa su movimiento.
3. Pasa el hilo por la pajita y ata los dos extremos del hilo a un soporte sólido, de manera que la pajita quede suspendida a una cierta altura del pavimento de la habitación.
4. Hincha el globo y sujeta la abertura igual que antes.
5. Mientras la sujetas, pega el globo a la pajita con cinta adhesiva. Retírate un poco y suelta el globo. Observa su movimiento.

¿QUÉ OCURRE?

Para que algo se mueva se necesita una fuerza. Aunque parezca que nada ejerce fuerza alguna en el globo, en realidad hay algo que lo mueve: ¡el aire! Cuando se expulsa el aire del interior del globo, las partículas que escapan entran en contacto con otras partículas de aire fuera del globo. Cada grupo de partículas experimenta fuerzas mutuas. De ahí que puedas sentir el aire saliendo del globo. Pero también es lo que hace moverlo. Éste es un ejemplo de otra Ley del Movimiento enunciada por Isaac Newton, comúnmente conocida como Acción/Reacción. Según esta ley, toda acción (el aire escapando y ejerciendo fuerza sobre el aire exterior) tiene una reacción igual y opuesta (el aire exterior ejerciendo fuerza sobre el del interior del globo y propiciando su movimiento). Los cohetes funcionan de la misma forma, pero en lugar de utilizar globos inflados, usan poderosos reactores que consumen ingentes cantidades de combustible.

Experimentos absurdos...

¿Por qué se llevó el científico una regla a la cama?

¡Para saber cuánto dormía!

•

¿Por qué el científico puso azúcar debajo de la almohada?

¡Para tener dulces sueños!

PRÁCTICAS DE LABORATORIO

PREGUNTA ¿Qué hace mover un columpio?

ANÁLISIS DEL EXPERIMENTO En este experimento vas a confeccionar varios dispositivos parecidos a un columpio, llamados péndulos, para verificar qué es lo que hace que se balanceen más deprisa y más lentamente. Trabajarás con la longitud del columpio, el peso que soporta el péndulo y el tamaño del columpio para determinar cómo afectan al tiempo que tarda en completar una oscilación.

TERMINOLOGÍA

Péndulo: aparato oscilante formado por un peso que cuelga del extremo de una cuerda larga.

Período: tiempo que tarda un péndulo en completar una oscilación.

CONCEPTO CIENTÍFICO En Italia, en la década de 1500, Galileo estaba fascinado por los candelabros oscilantes de la catedral de Pisa, y realizó una serie de experimentos en su laboratorio para identificar los factores que creía que los hacían desplazarse más deprisa. Para recrear con la máxima fidelidad las condiciones del experimento, utilizó el término «período» con el objeto de describir el tiempo que tardaban en completar una oscilación, es decir, una trayectoria de derecha a izquierda y de izquierda a derecha. Los tres factores a verificar eran: la longitud del péndulo, el peso que soportaba y su tamaño. Tú deberás elegir estos factores de uno en uno, al tiempo que mantienes constantes los otros dos, y cambiar el factor utilizado para determinar si aquellos cambios tenían algún efecto en el lapso de tiempo.

MATERIAL NECESARIO

- Varios objetos idénticos (p. ej., cucharas, tornillos, lápices, etc.)
- Una cuerda larga (1 m o más)
- Umbral de una puerta
- Tachuelas
- Cronómetro

PROCEDIMIENTO

Primera parte: Peso

1. Ata un objeto en la cuerda.
2. Sujeta el otro extremo de la cuerda en el listón superior del marco de una puerta con una tachuela.
3. Tira de la cuerda hacia atrás y suéltala al tiempo que pones en marcha el cronómetro.
4. Cuenta diez oscilaciones completas y detén el cronómetro al término de la décima. Anota el tiempo transcurrido.
5. Ata otro objeto a la cuerda y repite el experimento (en la ilustración puedes observar cómo cuelga la cuerda a diferentes alturas).
6. Anota el tiempo y repite el mismo proceso con un tercer objeto y, por último, con un cuarto.

Segunda parte: Tamaño

1. Deja colgando el primer objeto y tira de la cuerda un poquito hacia atrás.
2. Al igual que antes, cuenta diez oscilaciones completas y anota el tiempo que haya transcurrido.
3. Tira ahora de la cuerda hacia atrás un poco más y repite el experimento. Anota el tiempo.
4. Repite este proceso tirando de la cuerda un poco más cada vez hasta completar un registro de cuatro intentos.

Tercera parte: Longitud

1. Una vez más, empieza con un objeto y anota el tiempo que tarda en completar diez oscilaciones.
2. Acorta la cuerda alrededor de 10 cm.
3. Repite el experimento, procurando tirar de la cuerda hacia atrás la misma distancia que antes. Anota el tiempo.
4. Repite de nuevo el proceso acortando la cuerda 10 cm cada vez hasta completar cuatro registros.

PREGUNTAS PARA EL CIENTÍFICO

- ¿Qué factor o factores influyen en el período de tiempo que tarda el péndulo en realizar las oscilaciones? ______________________
- ¿Por qué crees que los demás factores no influyen en este período de tiempo?

  ____
- Cuando te columpias en el parque, ¿qué tienes que hacer para evitar que el movimiento se ralentice? ______________________

ENERGÍA

La energía se manifiesta de múltiples formas. Por ejemplo, el sol nos suministra energía en forma de luz y calor. Cuando comemos, proporcionamos energía al organismo para poder jugar y correr. Los automóviles, trenes y aviones también tienen energía. Otro tipo de energía es el que se produce cuando enchufas un aparato eléctrico en una toma de corriente.

PRECAUCIÓN: ¡Sólo un adulto debe enchufar cualquier electrodoméstico a una toma de corriente! Esta forma de energía se llama electricidad y ha existido desde hace miles de años, aunque no se utilizó en nuestros hogares hasta hace menos de doscientos años. Una forma muy interesante de uso de la electricidad consiste en hacer que actúe como un imán.

TERMINOLOGÍA

Electricidad: energía almacenada en cargas positivas y negativas.

Pila: dispositivo que almacena energía eléctrica.

PRUÉBALO

ELECTRICIDAD MAGNÉTICA

PREGUNTA

¿Por qué la electricidad altera la lectura de una brújula?

Curiosidades

Algunas rocas son magnéticas por naturaleza. Se llaman magnetitas, y fueron descubiertas en la región de Magnesia, cerca de Grecia.

MATERIAL NECESARIO

- Brújula
- Trozo de cable con revestimiento aislante y sin él en los extremos
- Pila de 1,5 voltios

PROCEDIMIENTO

1. Pon la brújula en una mesa de manera que señale el norte.
2. Coloca el cable sobre la brújula, orientado en la misma dirección. Los extremos deben quedar fuera de la brújula.
3. Conecta cada uno de los extremos del cable a la pila. Observa lo que le ocurre a la brújula.

Curiosidades

El polo norte magnético (lugar hacia el que apunta una brújula) no está situado en el verdadero polo norte, sino en la isla Ellef Ringnes, en el ártico canadiense. Cada año se desplaza unos 15 km al noroeste.

¿QUÉ OCURRE?

Hans Christian Oersted descubrió que la electricidad (corriente) fluía a través de un cable, haciendo que éste actuara a modo de imán. El imán formado por la electricidad atrae la brújula, que asimismo es un imán muy pequeño, y la obliga a orientarse en una dirección diferente.

¿Qué le dijo un imán a otro imán?

«Me pareces muy atractivo.»

Y AHORA SIGUE TÚ

Retira los extremos del cable de la pila y observa cómo la brújula regresa a su posición normal. Ahora coloca el cable debajo de la brújula y conecta de nuevo los bornes a la pila. ¿Qué sucede?[5]

PRÁCTICAS DE LABORATORIO

PREGUNTA ¿Cómo funciona un electroimán?

ANÁLISIS DEL EXPERIMENTO En este experimento construirás un electroimán. Enrollando un cable alrededor de un destornillador, aumentarás el campo magnético producido por la corriente eléctrica que fluye a través del cable (lo has estudiado en el experimento anterior). Luego podrás medir la fuerza de tu electroimán contando el número de clips sujetapapeles que es capaz de sostener.

CONCEPTO CIENTÍFICO Teniendo en cuenta que un cable produce un campo magnético, enrollándolo en una serie de bucles (espiral) incrementa el efecto. Estas espirales se denominan «solenoides», y cuando se utilizan con un núcleo metálico, como por ejemplo un destornillador, generan campos magnéticos asombrosamente poderosos. Si se expone un clavo a estos campos, también se magnetizan.

TERMINOLOGÍA

Electroimán: imán que se construye con el paso de una corriente eléctrica a través de un cable.

Solenoide: cilindro de cable enrollado en espiral.

MATERIAL NECESARIO

- Trozo largo de cable de cobre, a ser posible con un revestimiento aislante
- Destornillador
- Cinta adhesiva
- Pila AA, C o D
- Clips sujetapapeles

Curiosidades

Los electroimanes se diferencian de los imanes permanentes en que se pueden activar y desactivar.

PROCEDIMIENTO

1. Dejando libre aproximadamente 15 cm de un extremo del cable, enróllalo alrededor del destornillador formando una espiral de diez bucles.
2. Sujeta con cinta adhesiva un extremo del cable al polo negativo (indicado con «–») de la pila.
3. Sostén el destornillador por el mango con una mano, al tiempo que conectas el extremo libre del cable al polo positivo (indicado con «+») de la pila.
4. Observa cuántos clips sujetapapeles puedes mantener adheridos al destornillador.
5. Retira de la pila el extremo libre del cable y añade una nueva espiral de diez bucles alrededor del destornillador.
6. Repite el experimento y cuenta el número de clips que permanecen adheridos.
7. Una vez más, retira de la pila el extremo libre del cable.
8. Enrolla el resto del cable alrededor del destornillador, dejando 15 cm de cable libre, sin revestimiento, y repite el experimento.

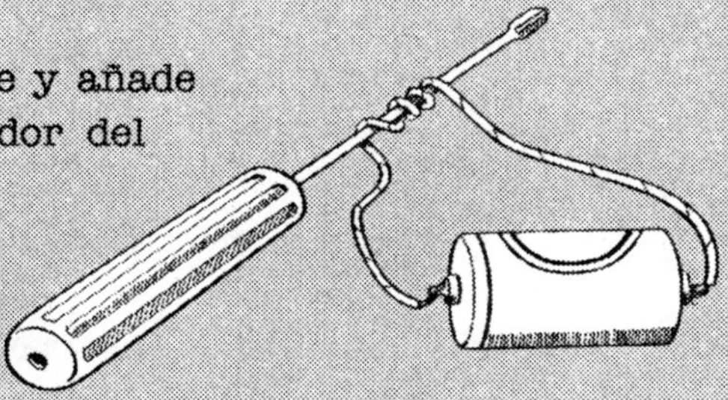

PREGUNTAS PARA EL CIENTÍFICO

- ¿Cuál es la causa de que el destornillador se haya convertido en un imán? ______
- ¿Cómo activas y desactivas el electroimán? ______
- ¿Qué efecto tenía añadir más espirales al destornillador en el número de clips que podía sujetar? ______
- ¿Qué ventajas tendría el uso de un imán que se pueda activar y desactivar? ______

Y AHORA SIGUE TÚ Practica lanzando al aire clips sujetapapeles y luego dejándolos caer en otro lugar. ¿Los atrae el electroimán? ¿Se te ocurre algún sitio en el que fuera útil hacerlo?[6]

______

______

TERMINOLOGÍA

Posimagen: lo que perciben los ojos tras haber dejado de mirar un objeto.

PRUÉBALO

JAULA PARA PÁJAROS

La energía existe en formas diferentes a la electricidad. Mira a tu alrededor, ¿ves colores? De ser así, estás recibiendo la energía luminosa producida por el sol (situado a más de 140.000 millones de kilómetros de la Tierra), que rebota en los objetos y se refleja en tus ojos. ¡Apasionante! La luz y el color son ejemplos de energía que vemos a diario, pero que a veces ignoramos.

PREGUNTA

¿Qué es una posimagen?

MATERIAL NECESARIO

- Tijeras
- Ficha de archivo
- Rotuladores de colores
- Cinta adhesiva
- Lápiz

PROCEDIMIENTO

1. Recorta por la mitad la ficha de archivo.
2. Dibuja un pájaro en el centro de una de las mitades.
3. En la otra mitad, dibuja una jaula, también en el centro.
4. Pega las dos fichas, dorso con dorso, al extremo del lápiz, de tal modo que puedas ver un dibujo en cada lado.
5. Haz girar el lápiz muy deprisa entre la palma de las manos hasta haber «capturado» el pájaro en el interior de la jaula.

Citas interesantes

El sol, con todos los planetas que orbitan a su alrededor y dependen de él, aún tiene tiempo para hacer madurar un racimo de uva, como si no tuviera nada más que hacer en el universo.

Galileo

¿QUÉ OCURRE?

Tus ojos tienen la facultad de ver imágenes aun después de haber desaparecido (posimágenes). Al girar el lápiz con rapidez, los ojos siguen viendo la jaula al tiempo que ves el pájaro, dando la impresión de que, en efecto, aquél se halla dentro de la jaula. Lo mismo ocurre cuando la imagen del pájaro desaparece. Lo sigues viendo al tiempo que tienes ante ti la imagen de la jaula.

Y AHORA SIGUE TÚ

Prueba con otros dibujos para experimentar con tu visor de posimágenes: flores en un jarrón, un niño en un columpio o incluso una cara de la luna. Puedes usar colores para que las imágenes parezcan más realistas.

TERMINOLOGÍA

Filtro: bloqueo que impide que los colores de la luz lleguen hasta los ojos.

Ciencia *on-line*

La EncycloZine reúne una colección de fascinantes ilusiones ópticas. Visita www.encyclozine.com, y haz clic en «Optical Illusions» en la página principal de la Web.

PRUÉBALO

LOS COLORES DE LA LUZ

El color es un tema de estudio muy interesante. Es probable que en la escuela hayas aprendido a mezclar colores para obtener otros nuevos. Por ejemplo, el verde se consigue mezclando azul y amarillo, y el violeta, mezclando azul y rojo. En realidad, cada color se puede crear a partir de la combinación correcta de los tres colores primarios: rojo, amarillo y azul, pero ¿alguna vez alguien ha intentado convencerte de que el rojo, el azul y el amarillo no son los únicos colores primarios? Pues es cierto.

PREGUNTA

¿Cuáles son los colores primarios de la luz?

MATERIAL NECESARIO

- Cuadrados de celofán o plástico lo bastante grandes como para cubrir el extremo luminoso de una linterna. Necesitarás celofán rojo, azul y verde
- 3 linternas
- Aros de goma
- Pantalla blanca o pared

PROCEDIMIENTO

1. Asegura un cuadrado de celofán o plástico en la parte luminosa de cada linterna con un aro de goma.
2. Enciende las linternas para comprobar que emiten la luz del color deseado.
3. Proyecta el haz luminoso rojo y azul en la pantalla o pared, de manera que los tres círculos cromáticos queden solapados. ¿Qué color se produce?
4. Ahora proyecta el rojo y el verde. ¿Qué color produce este par de tonalidades?
5. Proyecta el azul y el verde. ¿Cuál es el resultado?
6. Proyecta las tres linternas en la pantalla de manera

que los tres colores queden solapados en el centro. ¿Qué color produce esta combinación cromática?

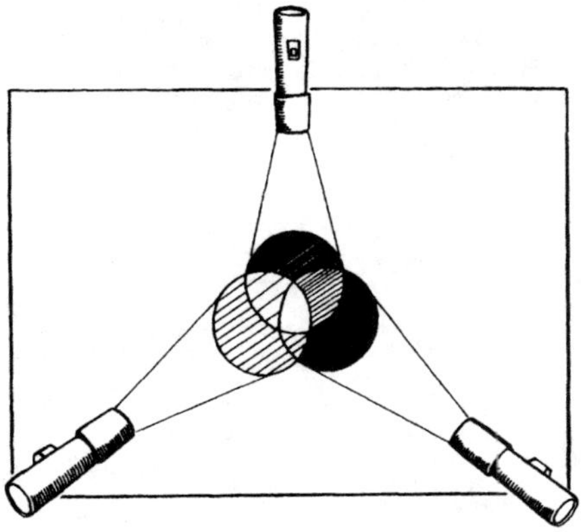

¿QUÉ OCURRE?

La luz se comporta de una forma diferente a los colores cuando pintas en un papel. El rojo, azul y verde se pueden combinar para crear cualquier tonalidad; de ahí que se llamen primarios. Los colores secundarios se forman cuando se mezclan dos colores primarios. Éstos son los tres primeros colores que has creado: magenta, amarillo y añil (azul). Al proyectar los tres colores en la pantalla, deberían producir luz blanca. Si las tonalidades del celofán no son totalmente puras (la mayoría no lo son), es posible que hayas observado un blanco-ocre.

Y AHORA SIGUE TÚ

Intenta contemplar el entorno que te rodea a través de un filtro rojo, azul o verde. Probablemente observarás que casi todo lo que ves es del color del filtro a través del cual estás mirando, pero también es posible que veas algunos objetos de color negro. La luz de estos objetos está siendo bloqueada por el filtro, lo que te impide apreciarlo.

Blanco y negro

¿Puedes encontrar la figura exactamente opuesta a las tres figuras del recuadro inferior? Traza una línea para unirlas.

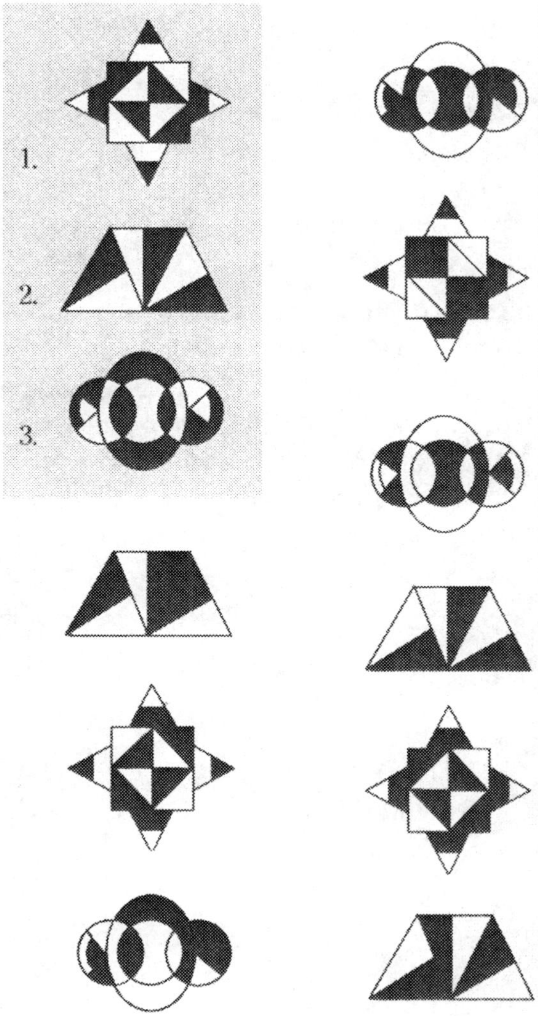

PRÁCTICAS DE LABORATORIO

PREGUNTA ¿Qué color calienta más, el blanco o el negro?

ANÁLISIS DEL EXPERIMENTO En este experimento comprobarás si un objeto negro se calienta más deprisa que otro blanco. Verificarás la temperatura del agua contenida en una lata de cada color, así como también la temperatura del aire debajo de una hoja de papel de cada color.

CONCEPTO CIENTÍFICO Cada color de luz que ves llega hasta nuestros ojos porque se ha reflejado en un objeto. Todos los colores de la luz que impactan en ese objeto, son absorbidos automáticamente. Algunos objetos absorben más luz que otros. A decir verdad, los blancos deben reflejar toda la luz que reciben, lo cual significa que no absorben ningún color. Por otro lado, los objetos negros no reflejan luz alguna en nuestros ojos, ya que absorben toda la luz que reciben. Este experimento te permitirá saber cuál de estos dos extremos del espectro cromático es más cálido.

MATERIAL NECESARIO

- 2 termómetros
- 2 hojas de papel: una blanca y otra negra
- 2 latas (de refresco, por ejemplo): una pintada de blanco y otra de negro (pide a un adulto que te ayude a pintarlas)
- Vaso de agua

PROCEDIMIENTO

1. Coloca los termómetros en un lugar soleado y pon una hoja de papel sobre cada uno de ellos (una blanca y otra negra).
2. Espera treinta minutos.
3. Retira las hojas de papel y compara la temperatura que indicaba cada termómetro.
4. Llena de agua cada lata a la misma temperatura y coloca encima la correspondiente hoja de papel (la blanca sobre la lata blanca y la negra sobre la negra).
5. Espera treinta minutos, retira las hojas de papel y compara la temperatura del agua de cada lata.

PREGUNTAS PARA EL CIENTÍFICO

- ¿Qué termómetro registraba una mayor temperatura en el primer experimento?
  ____
  ____
- ¿Qué lata de agua estaba más caliente? ______________________
  ____
  ____
- En un día frío, ¿qué color sería aconsejable llevar para ir a la escuela, el blanco o el negro? ______________________
  ____
- Si vives en una región de clima cálido, ¿de qué color deberías comprar el coche si quieres estar lo más fresco posible en su interior? ______________
  ____

PROYECTO CIENTÍFICO: FÍSICA

GRAVEDAD

En los primeros tiempos de la ciencia, se solía aceptar que los objetos más pesados caían más deprisa que los ligeros. En realidad, Aristóteles, un famoso científico del siglo IV a.C., intentó establecer una relación matemática entre el peso de un objeto y su velocidad de caída. Alrededor de dos mil años más tarde, Galileo desmintió aquella antigua teoría. Experimentó con diversos objetos, sin la tecnología de que disponemos en la actualidad, y concluyó que era el aire y no el peso lo que hacía que algunos objetos cayeran más lentamente que otros. ¿Qué opinas al respecto?

PREGUNTA

¿Por qué algunos objetos caen más deprisa que otros?

ANÁLISIS DEL EXPERIMENTO

En este experimento trabajarás con diferentes objetos para verificar qué características determinan la velocidad de caída. Para ello, utilizarás objetos pesados y ligeros, grandes y pequeños, sólidos y huecos, y los dejarás caer. Luego podrás explicar científicamente qué es lo que hace que un objeto caiga a mayor velocidad que otro.

CONCEPTO CIENTÍFICO

Hace mucho tiempo, la gente creía que cuanto más pesado era un objeto, más deprisa se desplazaba a través del aire. Aristóteles fue el científico más famoso que defendió esta creencia. Actualmente, tenemos innumerables ejemplos que refutan esta teoría. Si volaras en un helicóptero y dejaras caer una pelota de ping-pong y otra de bolos al mismo tiempo, ésta llegaría primero al suelo. Pero, dado que las pelotas de ping-pong y las de bolos no tienen el mismo tamaño, podrías probar con una de ping-pong y otra de golf. En este caso, también sería la de golf la que llegaría antes al suelo. Así pues, ¿dónde reside el *quid* de la cuestión?

En la década de 1500, Galileo intentó demostrar que en realidad no importaba el peso del objeto, que habitualmente caería a la misma velocidad que cualquier otro siempre y cuando no se tuviera en cuenta el aire. Ya has realizado un experimento con el aire en una sección anterior, pero por el momento piensa en el efecto que tiene en un objeto que cae.

Cuando corres por la calle o abres una ventana del coche, sientes el viento. Si es lo bastante fuerte, incluso puede dificultar tu avance. Imagina ahora que estás cayendo al vacío. Cuanto más deprisa lo hagas, más notarás el viento y más difícil te resultará avanzar. Por lo tanto, el aire tendrá un efecto diferente en una persona más pesada que en otra más liviana. En esto consiste el concepto de la resistencia del aire que vas a estudiar en este experimento.

MATERIAL NECESARIO

- Un objeto que llamaremos «ligero» (p. ej., una pluma)
- Otro que llamaremos «pesado» (p. ej., una piedra)
- Otro que llamaremos «pequeño» (p. ej., una figurita de plástico)
- Otro que llamaremos «grande» (p. ej., una pelota de baloncesto)
- Otro que llamaremos «sólido» (p. ej., una pelota de golf)
- Y otro que llamaremos «hueco» (p. ej., una pelota de ping-pong)
- 4 objetos más de tu elección
- Hoja de papel
- Lápiz o rotulador
- Plataforma o lugar elevado desde el que puedas soltar los objetos (cuanto más alto mejor, pero cuidado, ¡en el lugar de aterrizaje no debe haber nadie!)
- Amigo que registre qué objeto ha llegado antes al suelo.

PROCEDIMIENTO

Vas a registrar los resultados de cada test. Veamos un ejemplo:

Test: Ligero (nombre del objeto, p. ej., pluma)
versus Pesado (nombre del objeto, p. ej., piedra)

Objeto ligero (pluma): pequeño, blanco, poco peso, alrededor de 8 cm de longitud, no es sólido.

Objeto pesado (piedra): tamaño mediano, marrón y blanco, pesa casi lo mismo que una pelota de tenis, alrededor de 8 cm de diámetro, redondo, sólido.

Vencedor: La piedra

1. Experimenta por orden con los siguientes pares de objetos y anota los resultados:
   Ligero — pesado
   Pequeño — grande
   Sólido — hueco
   Otros pares de tu colección de objetos
2. Cuando hayas terminado los tests, observa los resultados y determina los factores que han permitido que un objeto cayera a mayor velocidad que los demás.

PREGUNTAS PARA EL CIENTÍFICO

- De los objetos de tu colección, ¿cuál ha caído más deprisa?
- ¿Qué características de este objeto han hecho que cayera más deprisa?
- ¿Qué características no han influido en su velocidad de caída?
- ¿Qué objeto cayó más lentamente?
- ¿Qué par de objetos ha mostrado las diferencias más significativas en la velocidad de caída?
- ¿Qué podrías hacer para eliminar el aire en este experimento con el objeto de poder recrear la teoría de Galileo?

CONCLUSIONES

La forma del objeto es un factor muy importante en la velocidad de caída. Es cierto que el peso no influye en ella; en realidad, los objetos ligeros caen lentamente independientemente de la forma que tengan, pues una vez que empiezan a friccionar el aire, se ralentizan inmediatamente. Pero cuanto más pesado es el objeto, mayor es la importancia de su forma. Un simple test para verificar este resultado consiste en dejar caer una hoja de papel al mismo tiempo que otra hoja arrugada a modo de pelota. Inténtalo y comprobarás cómo influye el factor «forma».

La ciencia moderna ha demostrado que si eliminamos el aire, los objetos caen a la misma velocidad independientemente de lo grandes o pequeños que sean y de la forma que tengan. Cuando los astronautas llegaron a la luna, dejaron caer una pluma y un martillo para ver cuál llegaba antes al suelo. En la luna no hay aire (los astronautas llevan un traje especial que les suministra el oxígeno necesario para poder respirar). ¿Adivinas qué ocurrió? En efecto, la pluma y el martillo llegaron al mismo tiempo.

CAPÍTULO 4

EL PLANETA TIERRA

¿Alguna vez has disfrutado de un rato de solaz echado en la hierba, sintiendo la calidez del sol en la piel, observando las nubes y preguntándote cómo ocurre todo esto? La Tierra es un verdadero milagro. En ningún otro lugar del universo se ha podido descubrir vida. Seguro que existen otras estrellas como nuestro sol, y ahora los científicos están descubriendo planetas que orbitan a su alrededor. Pero hasta la fecha, no se ha encontrado agua, árboles, hierba y un clima parecido al de la Tierra.

El planeta Tierra es un caso muy especial en el universo y merece todo nuestro cuidado, pues de lo contrario, sus maravillas y su belleza no tardarán en correr un grave peligro. Una de las crecientes preocupaciones de quienes saben apreciar la Tierra es la calidad del aire y del agua. Existen múltiples formas de comprobar cuán preciosos son estos recursos.

Curiosidades

Una buena parte de la lluvia ácida en América del Norte está causada por la combustión del carbón para producir electricidad.

El día más lluvioso jamás registrado fue en 1952, en Cilaos, isla de Reunión. En veinticuatro horas se recogieron 16.387 cm^3.

PRUÉBALO

LLUVIA ÁCIDA

PREGUNTA

¿Qué es la lluvia ácida?

MATERIAL NECESARIO

- Vaso de cristal vacío
- Agua
- Rojo de fenol (de venta en comercios especializados en productos para la limpieza de piscinas)
- Pajita de refresco

TERMINOLOGÍA

Lluvia ácida: lluvia que contiene ácidos que se forman en las nubes. Puede ser peligrosa para el ser humano, los animales y las cosechas.

PROCEDIMIENTO

1. Llena de agua fría el vaso hasta tres cuartas partes de su capacidad.
2. Añade 20 gotas de rojo de fenol hasta que el agua adquiera una ligera tonalidad roja. Practícalo de antemano para determinar cuál es la cantidad apropiada de gotas que debes añadir.
3. Coloca la pajita de refresco en el agua y sopla durante veinte segundos para que se formen burbujas en la superficie. (ADVERTENCIA: ¡No bebas el agua!)
4. Observa el color del agua. Debería ser ligeramente roja como antes.
5. Repite el experimento, soplando varias veces durante veinte segundos. El agua no tardará en recuperar de nuevo su transparencia.

¿QUÉ OCURRE?

El rojo de fenol reacciona con ácidos para cambiar el color (ya has estudiado algunas cosas de los ácidos en un capítulo anterior). Cuando soplas en el agua, el dióxido de carbono que exhalas, que no es lo mismo que el oxígeno que inhalas, reacciona con el agua y forma un ácido muy débil. Cuanto más soplas, una mayor cantidad de ácido reacciona con el rojo de fenol hasta que, finalmente, el agua recupera su transparencia. Los limpiadores de piscinas utilizan este producto para medir la acidez del agua, y esto les indica el tipo de sustancias químicas que deben añadir para mantener la limpieza del agua.

Y AHORA SIGUE TÚ

¿Qué tiene que ver con la lluvia ácida lo que acabas de experimentar? Cuando emitimos demasiado dióxido de carbono en el aire (combustión del carbón, gasolina u otros combustibles fósiles), puede reaccionar con el agua presente en el aire (lluvia) y formar un ácido. Cuando llueve, el ácido se precipita al suelo. ¡Debemos tener muchísimo cuidado con los gases que liberamos en el aire!

PRÁCTICAS DE LABORATORIO

El viento sigue una pauta alrededor de la Tierra; es lo que se llama efecto Coriolis. Esta pauta tiende a producir vientos que giran en la dirección contraria a la de las agujas de un reloj en el hemisferio norte y en la de las manecillas del reloj en el hemisferio sur.

PREGUNTA ¿Cómo podrías saber a qué velocidad se desplaza el viento?

ANÁLISIS DEL EXPERIMENTO En este experimento construirás un sencillo anemómetro, un dispositivo que mide la velocidad del viento. Aunque en realidad en este proyecto no podrás determinar su verdadera velocidad, sí serás capaz de hacer un seguimiento de diferentes velocidades en una escala e identificar qué días han sido los más ventosos.

CONCEPTO CIENTÍFICO Las brisas barren constantemente la superficie terrestre y sólo en contadas ocasiones son peligrosas para la gente. Los anemómetros atrapan el viento en pequeños cuencos giratorios. Cuanto más deprisa giran, mayor es la velocidad del viento.

TERMINOLOGÍA

Hemisferio: mitad de la Tierra a partir de la línea del ecuador.

Anemómetro: dispositivo que mide la velocidad del viento.

MATERIAL NECESARIO

- Pegamento
- Carrete de hilo vacío o trozo de barro para modelar
- Pequeño bloque de madera
- Lápiz con goma
- Aguja o clavo fino
- Cronómetro
- Hoja grande de cartulina rígida
- Tijeras
- Grapadora
- 4 recipientes de papel de aluminio (p. ej., moldes para hacer magdalenas)
- Pegatina de un color vivo

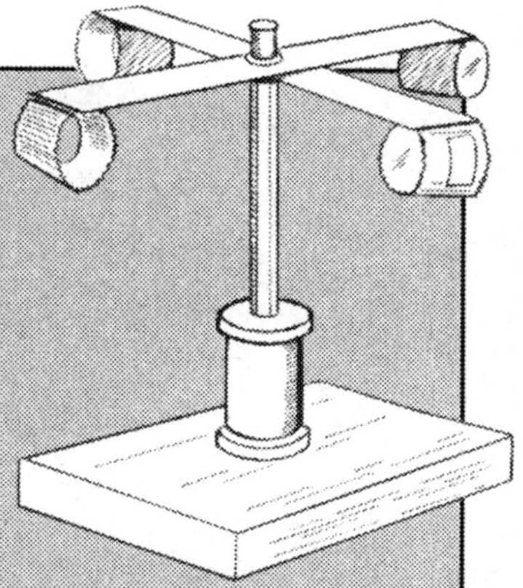

PROCEDIMIENTO

1. Pega el carrete de hilo en el bloque de madera e introduce el lápiz en su orificio por la punta.
2. Clava la aguja en la goma del extremo superior del lápiz.
3. Recorta dos tiras de cartulina, de 40 cm de longitud × 5 cm de anchura como mínimo.
4. Con las tijeras, practica una hendidura en la base de cada tira para poder ensartarlas en forma de cruz. Empieza por el centro de la tira (aproximadamente a 20 cm de cada lado) y recorta una hendidura de unos 3 cm.
5. Pega o grapa un molde de aluminio en el extremo de cada brazo de la cruz, de manera que los cuatro estén orientados en la misma dirección para que atrapen el viento.
6. Coloca una pegatina en uno de los moldes. Debe ser claramente visible, pues vas a utilizarla para medir la velocidad del viento.
7. Coloca la cruz sobre la aguja, asegurándote de que gira libremente. En caso contrario, amplía ligeramente el orificio hasta conseguirlo. Hazlo con la misma aguja.
8. Pon el anemómetro en el exterior, donde pueda girar con el viento.
9. Anota durante varios días la velocidad del viento en diferentes momentos del día.

Curiosidades

Los vientos se miden en la escala de Beaufort, de 0 (viento en calma) a 12 (vientos huracanados que superan los 120 km/h.

El viento más rápido jamás registrado en la superficie de la Tierra fue de 370 km/h en New Hampshire, en 1934.

Instrucciones para medir la velocidad del viento

Utiliza un cronómetro o un reloj con el que contar un minuto. A continuación, cuenta el número de veces que el vaso con la pegatina completa un giro en ese lapso de tiempo. Este número será la velocidad del viento. Cada vez que registres una nueva medida, compárala con los valores anteriores.

PREGUNTAS PARA EL CIENTÍFICO

- ¿Cuál ha sido la máxima velocidad registrada? ______
- ¿Qué hora del día ha sido la más ventosa? ¿Y la menos ventosa? ______
- ¿Algunos lugares de tu casa son más ventosos que otros? ¿Cómo podrías verificarlo? ______
- ¿Cómo crees que los meteorólogos miden la velocidad real del viento?[1] ______

Curiosidades

La zona volcánica más activa del mundo está situada en el Anillo de Fuego, una región circular en el océano Pacífico, desde el este de Asia hasta Estados Unidos.

TERMINOLOGÍA

Volcán: cualquier parte de la tierra, especialmente montañas, que explosiona cuando la presión en el subsuelo es demasiado elevada.

Ciencia *on-line*

En la página Web del U.S. Geological Services Cascade Volcano Observatory (CVO) encontrarás enlaces con todos los volcanes del mundo. Visita http://vulcan.wr.usgs.gov

PRUÉBALO
MINIVOLCÁN

MATERIAL NECESARIO

- Pequeña botella de plástico
- Bicarbonato sódico
- Bandeja grande o de hornear
- Arena
- 1/2 vaso de vinagre
- Vaso de medidas
- Colorante para alimentos de color rojo

PROCEDIMIENTO

1. Llena la botella de bicarbonato sódico hasta la mitad y ponla en el centro de la bandeja.
2. Amontona la arena alrededor de la botella de manera que sólo quede a la vista la abertura. ¡Tu minivolcán está listo para entrar en erupción!
3. Echa el vinagre en el vaso de medidas.
4. Añade unas cuantas gotas de colorante para alimentos en el vinagre y viértelo rápidamente en la botella.

¿QUÉ OCURRE?

Ya has visto qué tipo de reacción se produce cuando se combinan el bicarbonato sódico y el vinagre. El colorante rojo hace que esta reacción tenga el aspecto de la lava. En los volcanes reales no encontrarás vinagre, pero sí gases calientes y rocas fundidas bajo una intensa presión. Cuando ésta es muy elevada, el volcán explosiona, y todos los gases calientes y rocas que se han fundido con el calor erupcionan en forma de cenizas ardientes o lava fundida.

Fantasía en las nubes

¿Has visto alguna vez la forma de personas o animales al mirar las nubes? Conecta los puntos numerados y luego las letras y descubrirás una forma animal flotando en este hermoso cielo. CONSEJO: Para que quede más bonito, conecta los puntos con líneas curvas en lugar de rectas.

Curiosidades

Los terremotos se miden con la escala de Richter, en la que cada número o grado representa un movimiento sísmico diez veces más poderoso que el del número anterior. Los mayores terremotos jamás registrados se produjeron en Colombia en 1906 y en Japón en 1933. Ambos alcanzaron 8,9 grados en la escala de Richter.

¿Dónde estudian los volcanes los científicos?

En la lava-ndería

PRUÉBALO

CALENTAMIENTO DE LA TIERRA

Desde la tierra del jardín hasta el núcleo metálico fundido de nuestro planeta, la Tierra es un lugar en el que cada día se producen asombrosos procesos que nos pasan completamente inadvertidos. Uno de los más simples es la forma en la que el sol calienta el planeta.

PREGUNTA

¿Qué es lo que se calienta antes, la tierra o el agua?

MATERIAL NECESARIO

- 2 vasos pequeños
- Agua
- Tierra de jardín
- 2 termómetros

PROCEDIMIENTO

1. Llena de agua un vaso y el otro de tierra.
2. Mete los vasos en el congelador durante diez minutos.
3. Retíralos del congelador e introduce un termómetro en cada vaso. Anota las temperaturas iniciales.

4. Pon los dos vasos en un lugar soleado durante quince minutos.
5. Transcurrido este período, anota de nuevo las temperaturas.

¿QUÉ OCURRE?

La luz del sol calienta la tierra mucho más deprisa que el agua. De ahí que el vaso que contenía tierra se calentara más deprisa que el del agua. Esto también explica por qué en un día caluroso, la arena de la playa alcanza temperaturas extremadamente elevadas, mientras que el agua sigue estando fría.

Y AHORA TÚ

Cuando cavas un hoyo en la playa, ¿está caliente toda la arena o sólo la que se halla en la superficie?[2] Algunos animales excavan madrigueras en la tierra para encontrar lugares más frescos en los que construir sus nidos. ¿Se te ocurren algunos?

____

____

____

____

____

Citas interesantes

El espacio no está tan lejos como parece, sino a sólo una hora en coche si el tuyo fuera capaz de ascender en línea recta.

Sir Fred Hoyle, matemático y astrónomo británico

PRÁCTICAS DE LABORATORIO

PREGUNTA ¿Cómo se forman los carámbanos?

ANÁLISIS DEL EXPERIMENTO En este experimento estudiarás la formación de carámbanos construyendo estalactitas y estalagmitas, torres de minerales duras como la piedra que se suelen encontrar en las cavernas más profundas del subsuelo terrestre. Vas a utilizar un producto de droguería llamado sulfato de magnesio (sales Epsom) y verás cómo crecen los «carámbanos» ante tus propios ojos.

CONCEPTO CIENTÍFICO Los carámbanos se pueden formar bajo condiciones especiales. Se necesita un ambiente suficientemente frío para que el agua se congele, pero también debe haber una forma en la que el hielo se funda al gotear. Ésta es la razón por la que habitualmente se pueden observar carámbanos en el alero de una casa. El calor de la casa funde la nieve del tejado, que gotea hasta el borde del mismo. A medida que el agua gotea, una parte de ella se congela. Más tarde, las gotas discurren por la superficie de las gotitas heladas y se congelan al llegar a la punta. De este modo, el carámbano crece gota a gota.

En las cavernas, las estalactitas y estalagmitas se forman del mismo modo. La única diferencia es que el agua que gotea no se congela, sino que deja un diminuto rastro de calcita. Cuando la calcita se acumula y endurece, aparece una estalactita. Por su parte, las estalagmitas se forman cuando una parte de la calcita se precipita al suelo y poco a poco se va acumulando. Con el tiempo (mucho, mucho), las estalactitas que avanzan desde el techo, se unen con las estalagmitas que emergen desde el suelo, formando una columna.

TERMINOLOGÍA

Estalactita: pieza larga, fina y colgante de mineral (parecido a roca) que a menudo se forma en las cavernas en el transcurso de dilatados períodos de tiempo.

Estalagmita: pieza larga, fina y colgante de mineral que crece desde el suelo en el transcurso de largos períodos de tiempo (es similar a la estalactita)

Columna: lo que se forma cuando se unen una estactita y una estalagmita, y ambas siguen creciendo juntas.

Curiosidades

Para que una estalactita crezca 3 cm pueden transcurrir hasta 4.000 años.

MATERIAL NECESARIO

- Tarro grande para mezclas
- Agua
- Cuchara pequeña
- Bolsa de sulfato de magnesio (sales Epsom), de venta en droguerías
- 2 vasos pequeños
- Cuerda gruesa o un trozo de tela que absorba el agua con facilidad
- Papel encerado

PROCEDIMIENTO

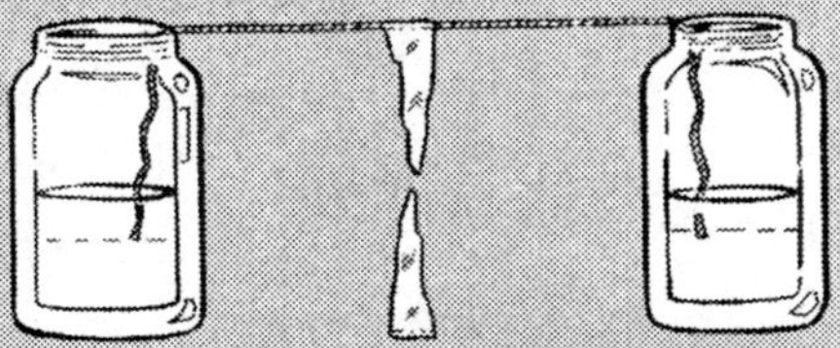

1. Llena de agua el tarro grande y diluye en ella el sulfato de magnesio hasta que quede un poso de producto que ya no se pueda disolver (solución saturada).
2. Llena los dos vasos pequeños con la mitad de la solución que has preparado y ponlos sobre una hoja de papel encerado.
3. Introduce un extremo de la cuerda en cada vaso y deja que el centro de la misma cuelgue entre los vasos.
4. Observa cómo se forma una estalactita y una estalagmita. El proceso tardará algunos días.

PREGUNTAS PARA EL CIENTÍFICO

- ¿Cuál de los dos conos es la estalactita y cuál la estalagmita? ______
- ¿A qué velocidad ha crecido la estalactita (centímetros por día). ______
- ¿Se aceleró en algún momento el proceso durante el experimento? ______
- Si vives en un lugar donde hace el frío suficiente como para que se formen carámbanos, ¿cómo crees que se producen? ______
- ¿Cómo podrías evitar que se formaran carámbanos en tu casa? ______

Y AHORA SIGUE TÚ

¿Crees que este experimento también funcionaría con otras sustancias? Prueba con bicarbonato sódico, sal, azúcar, etc. Teniendo en cuenta que el sulfato de magnesio (sales Epsom) se vende en las droguerías, ¿se te ocurren otras aplicaciones para este producto?[3]

¿Cuándo son más inteligentes los científicos?

De día, porque con la luz del sol son más «brillantes».

Ciencia *on-line*

Estos enlaces te introducirán en el mundo de la astronomía y te ayudarán a saber más cosas de los planetas y las estrellas.

Visita la revista *Astronomy* en www.astronomy.com

Visita la revista *Sky and Telescope* en www.skyandtelescope.com

Visita *The Astronomy Café* en http://tss.raytheon.com/cafe/qadir/qanda.html

LA BÓVEDA CELESTE

Si alguna vez has mirado al cielo en una noche clara, habrás visto más estrellas de las que eres capaz de contar. Te invade una sensación extraña. El universo es inmenso y la Tierra minúscula. Mirar el cielo es algo que el hombre ha hecho desde la noche de los tiempos. Cada civilización antigua tenía sus propios mitos acerca de lo que significaban las estrellas. Desde siempre, el paso de los días, meses y años se ha medido por el crepúsculo y el ocaso del sol, las fases de la luna y el cambio de las estaciones.

El cielo es azul y los ocasos rojizos porque el aire descompone la luz solar en colores, lo cual ya es de por sí fascinante. Pero, para muchos de nosotros, es difícil imaginar que el aire esté compuesto de algo. No se puede ver, no se puede saborear y sólo se puede sentir cuando está en movimiento. ¿Dónde está realmente el aire?

PRUÉBALO
ESPACIO DE AIRE

PREGUNTA

¿Ocupa un espacio el aire?

MATERIAL NECESARIO

- Globo (de 23 cm de diámetro como mínimo)
- Botella de cristal con la boca estrecha
- Cazo de agua hirviendo
- Cazo de agua helada
- Embudo
- Cinta adhesiva
- Agua

PROCEDIMIENTO

1. Ajusta la boca del globo en la de la botella, de manera que cuelgue hacia un lado.
2. Asegúrate de que el globo está herméticamente acoplado en la boca de la botella y luego ponla en el cazo de agua hirviendo. No te acerques demasiado al agua; podrías quemarte. Observa los cambios que se producen en el globo.
3. Retira la botella del agua caliente, separa el globo de la botella y vuelve a ajustarlo. Ahora la botella contiene aire muy caliente.
4. Pon la botella en el cazo de agua helada y observa los cambios que se producen en el globo.
5. Saca la botella del agua y déjala diez minutos a temperatura ambiente.
6. Retira el globo de la boca de la botella.
7. Coloca el embudo en la boca de la botella y pégala con cinta adhesiva para que no escape el aire.

8. Echa agua en el embudo y observa lo que sucede.

¿QUÉ OCURRE?

¡En efecto, el aire ocupa espacio! La primera vez que ajustaste el globo en la botella, «capturaste» el aire que había en ella. No infló el globo porque estaba herméticamente acoplado a la botella. Pero cuando la calentaste, el aire se expandió y ocupó un mayor espacio. El único lugar al que podía desplazarse era al interior del globo, de manera que éste se infló. Al retirar la botella del agua hirviendo y colocarla en el agua fría, el aire se comprimió. No sólo no se infló el globo, sino que lo succionó hacia el interior de la botella. Al situarla de nuevo a temperatura ambiente, el globo recuperó su tamaño, forma y posición iniciales.

El experimento del embudo muestra que el aire ocupa espacio. Al cerrar herméticamente la boca de la botella, el aire quedó sin lugar alguno al que desplazarse, y cuando echaste el agua en él, no era lo bastante pesado como para comprimirlo en la botella, permaneciendo en el embudo y desafiando, aparentemente, la gravedad.

Y AHORA SIGUE TÚ

¿Se te ocurren otros ejemplos de expansión o compresión del aire?[4]

PRÁCTICAS DE LABORATORIO

PREGUNTA ¿Cómo puedes utilizar el sol para saber qué hora es?

ANÁLISIS DEL EXPERIMENTO En este experimento vas a construir un reloj de sol, con el que podrás registrar el paso del tiempo tal y como lo hacían las antiguas civilizaciones. Cuando el sol sale y se pone, proyecta una sombra de diferentes longitudes y ángulos. En este caso, la proyección de la sombra en la esfera del reloj solar te indicará la hora exacta.

CONCEPTO CIENTÍFICO Como bien sabes, el sol no gira alrededor de la Tierra aunque en ocasiones así lo parezca, sino que, en realidad, ésta gira alrededor de su eje, de manera que en cualquier momento media población de la Tierra puede ver el sol y la otra media no. Ésta es la razón por la que tenemos día y noche. Un reloj de sol registra la posición de la sombra que proyecta el sol y la emplea para determinar qué hora del día es. Para que tu reloj de sol funcione correctamente, debes saber algunas cosas, como por ejemplo, dónde se halla el norte y cómo será la sombra solar en determinados momentos del día.

TERMINOLOGÍA

Reloj de sol: antiguo mecanismo para saber la hora del día.

MATERIAL NECESARIO

- Plato de cartón rígido
- Lápiz sin punta
- Barro o arcilla para modelar
- Brújula
- Rotulador

PROCEDIMIENTO

1. Practica un orificio en el centro del plato de cartón, lo bastante grande como para ensartar un lápiz en él.
2. Introduce el lápiz en el orificio. La base del plato debe estar encarada hacia arriba.
3. Pon un trozo de barro o arcilla debajo del plato e inserta en él el extremo inferior del lápiz para que quede bien sujeto.
4. Localiza el norte con la brújula y coloca el reloj de sol en un espacio abierto con el lápiz ligeramente inclinado en esa dirección. (Este método da resultado para quien viva en el hemisferio norte. Si vives en el hemisferio sur, inclínalo hacia el sur.)
5. A las 8 de la mañana haz una marca en la esfera, señalando la posición de la sombra que proyecta el lápiz. Anota «8 de la mañana». Repítelo cada dos horas. ¡Tu reloj de sol está listo!

PREGUNTAS PARA EL CIENTÍFICO

- ¿Están espaciadas uniformemente las marcas? ______
- ¿Crees que tiene alguna importancia el momento del año en el que se construye o utiliza el reloj? ¿Qué ocurre cuando los días se alargan o se acortan? ______

______
- ¿A qué hora del día apunta hacia el norte la sombra del sol? ¿Es así todo el año?

______

Y AHORA SIGUE TÚ Investiga algunas de las civilizaciones que utilizaban relojes de sol y responde a las preguntas siguientes:

- ¿Qué otras versiones de reloj construían?
- ¿Alguno de ellos era similar al tuyo?
- ¿Por qué crees que la gente dejó de utilizar relojes de sol?

Cuando salgas de paseo, intenta descubrir algún reloj de sol y verifica su precisión (te resultará mucho más fácil encontrarlos en los pueblos que en las ciudades).

Curiosidades

En realidad, la Tierra está más lejos del sol en verano (151,36 millones de km en junio) que en invierno (146,24 millones de kilómetros en diciembre).

La Tierra está inclinada en un ángulo de 23° de la vertical. Ésta es la razón de que haya estaciones.

TERMINOLOGÍA

Inclinación de la Tierra: ángulo que forman los polos norte y sur de la Tierra en relación a una línea vertical.

PRUÉBALO

LAS ESTACIONES SOLARES

Otra forma de medir el tiempo es marcando las estaciones. Desde el calor del verano hasta los días de otoño, con la caída de la hoja, las nieves invernales y el despertar de la primavera, las estaciones nos muestran que el tiempo pasa y que, en efecto, la Tierra gira alrededor del sol. Es un viaje que tarda un año en completarse. Mucha gente cree que la razón por la que hace calor en verano y frío en invierno es porque la Tierra está mucho más cerca del sol en verano que en invierno, cuando en realidad no es así.

PREGUNTA

¿Por qué hay estaciones?

MATERIAL NECESARIO

- Rotulador
- Bola de poliuretano de tamaño grande o mediano (se venden en las ferreterías)
- Lámpara de escritorio sin pantalla
- Lápiz o aguja de coser larga

PROCEDIMIENTO

1. Haz una señal en la parte superior e inferior de la bola con las letras «N» (arriba) y «S» (abajo). Estas marcas indicarán los polos norte y sur.
2. Traza un círculo alrededor de la bola, por el centro de la misma. Ésta será la línea del ecuador.
3. Pon una lámpara en medio de la habitación.
4. Ensarta el lápiz o la aguja a través de las marcas «N» y «S» e inclina ligeramente la bola hacia la lámpara.
5. Enciende la luz y observa qué secciones de la bola están iluminadas. Esto representa el inicio del verano en el hemisferio norte (posición I).
6. Observa ahora hacia qué pared de la habitación está

inclinada la bola. Deberás mantener esta misma inclinación y orientación durante todo el experimento. Desplázate 90° desde tu posición inicial (posición II). Igual que antes, observa qué secciones de la bola están iluminadas. Esto representa el primer día de otoño en el hemisferio norte.

7. Ahora desplázate otros 90° alrededor de la lámpara y observa de nuevo qué secciones de la bola están iluminadas (posición III). Éste es el inicio del invierno en el hemisferio norte.
8. Por último, desplázate otros 90° alrededor de la lámpara y observa las secciones iluminadas de la bola (posición IV). Éste es el primer día de primavera en el hemisferio norte.

¿QUÉ OCURRE?

Las estaciones del año tienen días más largos y más cortos no porque la Tierra esté más cerca del sol, sino a causa de su inclinación. Cuando el norte está inclinado hacia el sol, en el hemisferio norte es verano. Los días son más largos y más cálidos, y puedes comprobar este efecto haciendo girar la bola y observando qué secciones de la misma están iluminadas. Sin embargo, en el hemisferio sur, la luz del sol es escasa. Los días son más cortos y fríos: es invierno. Seis meses más tarde (posición III), en el norte es invierno y en el sur verano. Como verás, la inclinación de la Tierra proporciona mucha más luz solar al sur y muy poca al norte. En primavera y otoño, los días tienen aproximadamente la misma longitud en todo el planeta. Compruébalo en las posiciones II y IV.

PRÁCTICAS DE LABORATORIO

Si miras el cielo por la noche, descubrirás miles y miles de estrellas, algunas de las cuales dan la sensación de estar conectadas con otras, como si perfilaran una forma o figura. En realidad, las antiguas civilizaciones creían que estas formas tenían algún significado. Las narraciones e historias son interminables. Pues bien, estas formas se llaman constelaciones. ¿Puedes identificar algunas de las más conocidas?[5]

PREGUNTA ¿Por qué vemos sólo una cara de la luna?

ANÁLISIS DEL EXPERIMENTO En este experimento construirás un modelo del sol, la luna y la Tierra, y harás un seguimiento de las fases de la luna mediante dibujos y actividades manuales.

CONCEPTO CIENTÍFICO Aunque parezca increíble, la mitad de la luna que vemos desde la Tierra siempre es la misma. Nunca vemos su «cara oscura», excepto desde una nave espacial. La razón por la que brilla la luna se debe a que la luz del sol se refleja en su superficie. Así pues, lo que vemos es en realidad su reflejo. La luna carece de luz propia.

A medida que la luna orbita alrededor de la Tierra (un viaje que tarda alrededor de 29 días), la mitad de ella está encarada al sol. Sin embargo, ¡no es siempre la misma mitad! Al evolucionar alrededor de nuestro planeta, vemos diferentes secciones de la misma, desde nada en absoluto (0 %) hasta la totalidad (100 %) de esa cara. Estos porcentajes se conocen como fases lunares.

Formalmente, las fases se clasifican de la forma siguiente: luna nueva (no podemos verla), cuarto cre-

TERMINOLOGÍA

Constelación: cualquier disposición de estrellas en el cielo que perfilan una forma o figura común.

Fases lunares: diferentes porciones de la luna que se pueden ver durante su órbita alrededor de la Tierra.

ciente (vemos la mitad derecha), luna llena (vemos toda la cara) y cuarto menguante (vemos la mitad izquierda). De vez en cuando, la luna, durante su fase de luna nueva, pasa entre la Tierra y el sol (la alineación es mayor o menor y, en consecuencia, el eclipse será total o parcial). ¡Ahí tienes un eclipse solar! Los eclipses lunares son más frecuentes; se producen cuando la Tierra, durante la fase de luna llena, pasa entre la luna y el sol, proyectando una sombra en nuestro satélite.

Curiosidades

Hasta la fecha, los astrónomos han identificado 88 constelaciones.

MATERIAL NECESARIO

- Papel de periódico
- Plato de cartón
- Rotulador
- Lámpara de escritorio sin pantalla y lo más brillante posible
- Pelota pequeña, algo mayor que la mano
- Hoja de papel blanco
- ¡Tiempo! (En efecto, este experimento tardará un mes en completarse, aunque sólo requiere unos pocos minutos al día.)

PROCEDIMIENTO

1. Consulta en el periódico la fecha de la próxima luna nueva y empieza el experimento ese día.
2. En el plato de cartón traza veintiocho marcas alrededor de su perímetro, que representarán otros tantos días. Podrías hacerlo dividiendo el plato en cuartos y luego subdividir cada cuarto del círculo en siete marcas. Vas a utilizarlo como guía para situar la pelota cuando empieces el experimento. Parte de 0/28 y sigue numerando las marcas en la dirección contraria al de las manecillas del reloj.
3. Coloca la lámpara en un lado de la habitación, junto a una pared, y asegúrate de que podrás ponerla siempre en este lugar exacto día a día.
4. Apaga la luz de la habitación y enciende la lámpara.

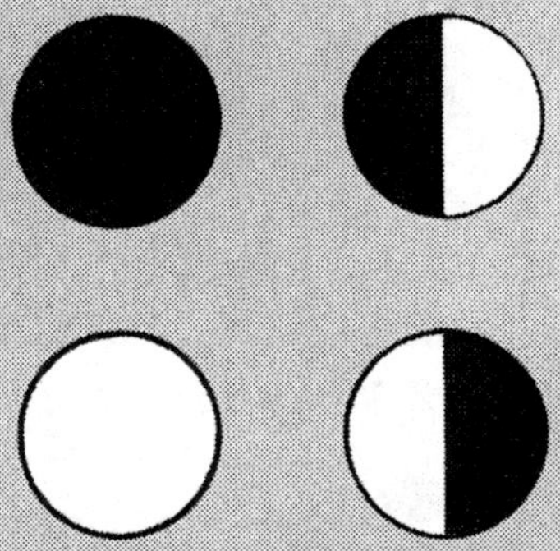

(continúa en la página siguiente)

(viene de la página anterior)

5. Coloca el plato en el suelo, en medio de la habitación, y ponte de pie sobre él, orientando el día 0/28 hacia la lámpara.
6. Sitúate ahora en la dirección del día que estás registrando (empezando por el día 0 y contando 20 días), mientras sostienes la pelota frente a ti, con el brazo extendido.
7. Observa la iluminación de la pelota. En el día 0 estará a oscuras; corresponde a la luna nueva.
8. Anota la iluminación en la hoja de papel para seguir las fases de la luna durante un mes.
9. Repite este paso cada día durante 28 días, al término de los cuales dispondrás de 29 dibujos (día 0 a día 28) que te mostrarán las fases lunares.
10. Verifica tus resultados periódicamente con la porción de luna que puedes distinguir a simple vista por la noche.

Curiosidades

Durante un eclipse, la luna adquiere una tonalidad rojiza. Esto se produce al pasar la luz del sol pasa a través de la atmósfera terrestre y desviarse hacia la luna; una verdadera «puesta de sol» durante un eclipse.

PREGUNTAS PARA EL CIENTÍFICO

- ¿Coinciden tus dibujos con las fases reales de la luna? __________
- ¿Cómo influiría en la precisión de la fecha el hecho de que la órbita lunar es ligeramente más larga que 28 días? __________
- ¿Qué te indica acerca de la órbita de la luna el hecho de que los eclipses solares y lunares sean infrecuentes? __________

Y AHORA SIGUE TÚ Investiga la historia de los intentos del hombre de viajar a la luna. Te sugerimos una película de fuerte impacto: *Apollo 13*, que narra lo sucedido en un viaje fracasado a la luna que casi costó la vida a tres astronautas.

Velocidad del viento

¿Con cuánta rapidez eres capaz de encontrar 20 palabras que se esconden en el término ANEMÓMETRO (instrumento que sirve para medir la velocidad del viento)? Cada palabra debe tener un mínimo de tres letras.

Experimento extra: usa una hoja de papel aparte y mira si puedes conseguir lo siguiente: 20 palabras de cuatro letras, 20 de cinco letras, 8 de seis letras y 5 de siete letras. Y si eres un SUPERCIENTÍFICO, ¡incluso serás capaz de encontrar una de ocho letras y otra de nueve!

PROYECTO CIENTÍFICO: LA CIENCIA DE LA TIERRA

RÍOS

Piensa en la última vez que viste un río; no sólo verlo, sino fijarte en él, observarlo con atención. ¿Era recto o serpenteante? Cuanto más observes los ríos, más motivos tendrás para preguntarte por qué no son rectos. Nacen en las montañas y discurren hasta el mar. Desde luego, eso parece un simple recorrido a lo largo de un cauce que han excavado durante años y años, y del que nunca se desvían. No obstante, los cursos fluviales han intrigado y asombrado al hombre durante miles de años. Cuando llega la época de las inundaciones en un área determinada, aquel recorrido se convierte en un tema de mayor discusión si cabe. ¡Es como si los ríos pensaran por sí mismos!

PREGUNTA

¿Por qué no son rectos los ríos?

ANÁLISIS DEL EXPERIMENTO

En este experimento, primero construirás una montaña. Para ello, vas a necesitar algunos materiales y un espacio abierto para que fluya el agua (el jardín, por ejemplo). Asimismo, deberás disponer de un abundante suministro de agua; planifícalo de antemano. Tendrás dos opciones entre las que elegir en términos de «lluvia»: continua u ocasional. Cada pauta dará lugar a un tipo de río diferente. Así pues, lo mejor que podrías hacer es experimentar con las dos.

CONCEPTO CIENTÍFICO

Cuando el agua fluye por la vertiente de una montaña, busca el camino más rápido hasta su base, aunque no sea recto. Los árboles, rocas y colinas alteran la dirección y la velocidad de avance. Cuando el agua fluye lentamente, tiende a erosionar los límites de su cauce (la orilla), y en ocasiones arranca una porción del terraplén, ensanchándose en este punto. Cada vez que el río cambia, el flujo de agua también cambia y provoca una variación incluso mayor en el cauce. Es así como, con el tiempo, un río puede excavar toda clase de interesantes cursos hasta el mar. Pero eso no es todo. Cuando se excava una nueva sección del río, la corriente arrastra rocas y fango, y allí donde los deposita, pierde profundidad. Ésta es la razón por la que en la desembocadura suelen ser muy anchos, abiertos y llanos, con el agua avanzando muy lentamente hacia el mar.

MATERIAL NECESARIO

- Montaña de rocas, fango, arena, barro, etc., de por lo menos 1 m de altura.
- Espacio abierto por el que pueda fluir el río y depositar el fango y los guijarros que ha acumulado durante el descenso por la ladera.
- Agua abundante (manguera, *sprinkler* o regadera).
- Cámara fotográfica

PROCEDIMIENTO

1. Procura que la montaña presente irregularidades y obstáculos que propicien la formación de diferentes cauces.
2. Intenta adivinar dónde nacerán.
3. Elige un sistema de riego:
   Lluvia constante: Coloca un *sprinkler* en la cima de la montaña o cerca del borde de la misma para producir una fina lluvia que se mantendrá constante durante el experimento. También puedes pedir a un amigo que sostenga una manguera sobre la montaña. Prueba distintos métodos hasta dar con el más adecuado.

Lluvia ocasional: Usa una regadera, una jarra de agua o un corto intervalo de «lluvia» de una manguera. Si optas por este sistema, deberás añadir más agua cada hora. De este modo, la montaña absorberá una mayor cantidad de agua y hará posible el nacimiento de diferentes cursos.

4. Empieza a regar la montaña.
5. Si utilizas una lluvia constante, saca una fotografía antes de empezar, y luego otra cada 5-10 minutos hasta que los ríos hayan dejado de cambiar. Tu objetivo es observar los cambios que se producen en la montaña con el tiempo. Es preferible tener muchas fotos que pocas.

   Si has elegido el sistema de lluvia ocasional, saca una fotografía antes de empezar y luego durante cada intervalo de lluvia. Riega la montaña durante el período que previamente hayas decidido (15, 20, 30 segundos, etc.) y luego deja que la montaña repose hasta la siguiente sesión de lluvia. Repite las aplicaciones hasta que los ríos dejen de cambiar. Este método te llevará algo más de tiempo que el anterior, aunque podrías conseguir una representación fluvial más precisa de la lluvia real.
6. Anota tus observaciones y ordena las fotografías.
7. Cuando las hayas revelado, podrías confeccionar un registro del progreso de los ríos con sus fotografías correspondientes.

PREGUNTAS PARA EL CIENTÍFICO

- ¿Se formaron todos los ríos en los lugares que habías previsto?
- ¿Cuántos materiales han transportado desde la montaña hasta la base?
- ¿Has observado si varios ríos más pequeños confluían para formar otros más caudalosos?
- ¿Alguno de los ríos ha cambiado más su curso que los demás? Si es así, ¿qué características propiciaron el cambio?

CONCLUSIONES

Cada vez que repitas este experimento, obtendrás un resultado diferente. ¡Esto forma parte de la diversión de la ciencia! Ahora que ya has recreado tus propios ríos, visita el más próximo a tu localidad e intenta identificar lugares en los que se ha desviado a lo largo del tiempo, dónde fluye más deprisa y más despacio, y los obstáculos que podrían influir en su curso. También podrías remontar su curso hasta sus fuentes, aunque éstas podrían estar a muchos kilómetros.

CAPÍTULO 5

EL CUERPO HUMANO

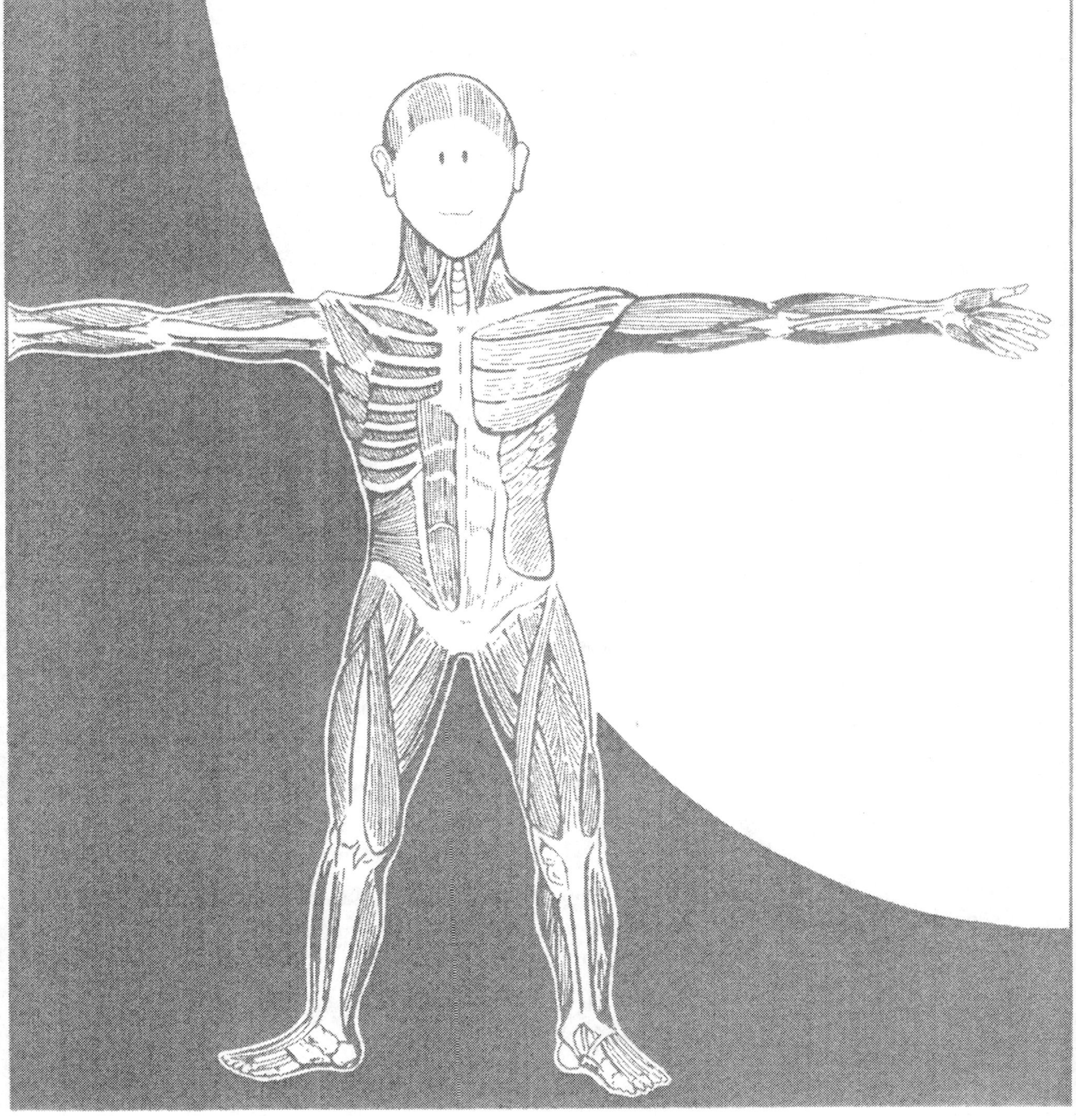

LOS CINCO SENTIDOS

Nuestro cuerpo es asombroso. En este capítulo descubrirás algunas de las múltiples características que lo cualifican como una máquina imposible de encontrar en cualquier otra parte del universo. Pero por ahora vamos a centrarnos en las formas en las que interactuamos con el mundo que nos rodea. Tenemos cinco sentidos: vista, oído, olfato, gusto y tacto, cada uno de los cuales nos permite comprender el mundo de un modo diferente y nos ofrece una perspectiva única acerca de lo que vivimos a diario.

Curiosidades

El braille es un sistema de escritura que usa signos grabados en relieve que permiten leer a las personas invidentes. Fue desarrollado en 1829 por Louis Braille, un francés de veinte años de edad que había perdido la visión a los tres.

Ciencia *on-line*

Encontrarás más actividades divertidas relacionadas con los cinco sentidos en Neuroscience for Kids. Visita http://faculty.washington.edu/chudler/chsense.html

¿Qué inventó el ingenioso científico que estaba lleno de agujeros pero aun así podía retener agua?

¡Una esponja!

PRUÉBALO

FRÍO Y CALIENTE

PREGUNTA

¿Por qué sentimos el frío y el calor?

MATERIAL NECESARIO

- 3 cuencos de agua: uno caliente, uno frío y otro a temperatura ambiente

PROCEDIMIENTO

1. Coloca los cuencos frente a ti, de izquierda a derecha: caliente, temperatura ambiente, frío.
2. Introduce la mano izquierda en el cuenco de agua caliente y la derecha en el de agua fría durante 30 segundos.
3. Retira las manos e introdúcelas en el cuenco de agua a temperatura ambiente.

¿QUÉ OCURRE?

Frío y caliente no es sino una forma de comparación de lo que sentimos. La mano izquierda la has introducido en el agua caliente, de manera que cuando la has sumergido en el cuenco a temperatura ambiente, la has notado bastante fría. Por otro lado, metiste la mano derecha en el agua fría, y al sumergirla en el agua a temperatura ambiente la notaste bastante caliente. Las dos manos estaban en el agua, pero al estar a diferentes temperaturas, una la notabas fría y la otra caliente.

Curiosidades

Los insectos tocan, huelen, saborean y oyen a través de las antenas.

Y AHORA SIGUE TÚ

La próxima vez que te duches, fíjate en la sensación que te produce el aire del cuarto de baño al salir. Pídele a alguien que esté seco que te diga cómo lo nota e intenta explicar la causa por la que tú lo percibes de una forma diferente. Otro lugar para experimentarlo es en una piscina. Explica cuán fríos o calientes están el aire y el agua cuando estás seco y cuando estás mojado. El calor fluye desde los objetos calientes hacia los fríos y como resultado nos hace sentir calientes o fríos.

PRUÉBALO

MEDICINA INSÍPIDA

PREGUNTA

¿Por qué no notas el sabor de una medicina si te tapas la nariz?

Citas interesantes

El olfato es un poderoso hechizo que nos transporta a miles de kilómetros y nos remonta a los años que hemos vivido.

Helen Keller

MATERIAL NECESARIO

- Venda para taparte los ojos
- Pinza para taparte la nariz o tu mano para pinzarla con el pulgar e índice
- Pedazos de igual tamaño de manzana, patata y cebolla
- Ayudante

PROCEDIMIENTO

1. Véndate los ojos y tápate la nariz (con una pinza o con los dedos).
2. Dile a tu ayudante que te acerque a la boca los diferentes alimentos, de uno en uno, e intenta adivinar de qué se trata por su sabor.

¿QUÉ OCURRE?

El sentido del olfato es un factor que influye decisivamente en el sabor. Cuando te tapas la nariz, pierdes la capacidad de saborear. Exceptuando su textura, probablemente serás incapaz de distinguir la diferencia entre los alimentos que has probado. Al destaparte la nariz, recuperas el sentido del gusto, aunque los sabores más fuertes podrían atenuar los demás.

Y AHORA SIGUE TÚ

¿Cuándo fue la última vez que te resfriaste? Trata de recordar el sabor que tenían los alimentos. En efecto, cuando la nariz está obturada por la mucosidad, pierdes de nuevo el sentido del gusto al que tan acostumbrado estás, y tan pronto como se te despeja la nariz, la comida recupera felizmente su sabor.

PRÁCTICAS DE LABORATORIO

PREGUNTA ¿Cómo puedo percibir el sabor de diferentes alimentos?

ANÁLISIS DEL EXPERIMENTO En este experimento colocarás distintos alimentos en diferentes áreas de la lengua para descubrir cómo influyen las papilas gustativas en la percepción del sabor. Notarás el sabor dulce, amargo, ácido y salado.

CONCEPTO CIENTÍFICO La lengua tiene miles de diminutas papilas gustativas, cada una de las cuales reacciona a un tipo específico de sabor. Las papilas que responden a un mismo sabor se agrupan en determinadas áreas de la lengua. En consecuencia, siempre saborearás los alimentos salados en ciertas partes, los dulces en otras y los amargos y ácidos en otras independientemente de lo que estés comiendo.

TERMINOLOGÍA

Papilas gustativas: pequeños órganos que recubren la lengua e interpretan el sabor de los alimentos y líquidos.

MATERIAL NECESARIO

- Bolitas de algodón
- Cuencos pequeños con:
  - Zumo de limón
  - Agua
  - Azúcar
  - Sal
  - Café instantáneo
- Diagrama de la lengua (p. 115)
- Rotulador

Curiosidades

El hombre tiene alrededor de 116 papilas gustativas por centímetro cuadrado en la punta de la lengua y sólo 25 situadas cerca de la parte posterior de la misma.

PROCEDIMIENTO

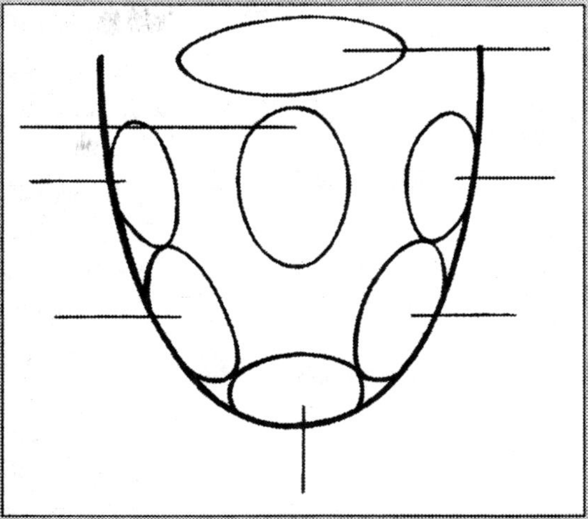

1. Humedece una bolita de algodón en el zumo de limón y extiéndelo en la lengua.
2. Indica en el diagrama en qué área de la lengua has notado este sabor ácido.
3. Humedece otra bolita de algodón en agua y luego en azúcar. Extiéndelo en la lengua e identifica el área de la lengua que ha detectado este sabor dulce.
4. Repítelo con la sal y el café (sabor amargo).
5. Continúa indicando las áreas de detección en el diagrama.
6. Observa el diagrama para asegurarte de haber completado todas las áreas de la lengua y, si has omitido alguna, repite el experimento para averiguar cuál es su sabor correspondiente.

PREGUNTAS PARA EL CIENTÍFICO

- ¿Qué áreas de la lengua han respondido al sabor amargo? ______
- ¿Qué áreas de la lengua han respondido al sabor dulce? ______
- ¿Qué áreas de la lengua han respondido al sabor salado? ______
- ¿Qué áreas de la lengua han respondido al sabor ácido? ______
- ¿Explica el diagrama la ubicación de pequeñas irritaciones después de haber ingerido demasiado azúcar? ______

______

Y AHORA SIGUE TÚ

Experimenta con otros alimentos para saber a qué categoría pertenecen. Al comerlos, averigua si notas su sabor en la parte de la lengua que has indicado en el diagrama. Tápate la nariz e intenta identificar estos cuatro sabores. ¿Influye la nariz en tu capacidad para reconocerlos?[1]

PRUÉBALO

AÑIL, NEGRO Y AMARILLO

TERMI NO LOGÍA

Color complementario: color opuesto a otro color en el espectro cromático.

¿Has mirado alguna vez una fotografía de colores muy vivos y al mirar a otro lado has seguido viendo colores, incluso más que los que había en la fotografía, aunque diferentes? De ser así, has experimentado otra cualidad de las posimágenes. Ya las estudiaste en un capítulo anterior de este libro (véase p. 76), pero ahora profundizarás un poco más en esta cuestión. Los ojos tienen la facultad no sólo de «ver» dos imágenes al mismo tiempo, tal y como comprobaste en el experimento de la «Jaula para pájaros», sino que también bloquean determinados colores e impiden su visualización.

PREGUNTA

¿Qué colores puedes apreciar en una posimagen?

MATERIAL NECESARIO

- Varias hojas de papel
- Rotuladores (azul, rojo, verde, negro, amarillo y añil)
- Fotografía en color de la bandera de Estados Unidos

PROCEDIMIENTO

1. En las tres primeras hojas de papel traza círculos grandes, coloreando el primero en rojo, el segundo en azul y el tercero en verde.
2. Por orden, mira fijamente cada círculo, de uno en uno, durante 30 segundos.
3. A continuación, mira una hoja de papel negro o simplemente cierra los ojos. Describe los colores que ves.
4. Luego, mira fijamente la fotografía de la bandera de Estados Unidos durante otros 30 segundos.
5. Aparta la mirada y describe qué nuevos colores de la bandera puedes ver como posimagen.

6. Intenta dibujar una posimagen de la bandera. Pinta las barras de negro y añil, y las estrellas también de negro, pero sobre un fondo amarillo. Usa el dibujo de la bandera real a modo de guía.
7. Cuando hayas terminado, mira atentamente la bandera y luego aparta la mirada. ¿Ves sus colores auténticos?

¿QUÉ OCURRE?

Los ojos usan conos para detectar los colores. Cuando enfocas los ojos en un determinado color, como por ejemplo el verde, los conos trabajan el doble para ayudarte a distinguir este color. Luego, al apartar la mirada, los conos de este color se relajan y dejan de funcionar temporalmente con la misma intensidad. Por consiguiente, lo ves todo excepto el color original. Esto se denomina «color complementario». ¿Podrías decir qué colores ves a modo de posimágenes de rojo, verde y azul?[2]

Al observar la bandera, los conos se centraron en el rojo, blanco y azul, y cuando se relajaron los ojos al apartar la mirada, la posimagen que percibiste fue la de los colores complementarios del rojo, blanco y azul, es decir, añil, negro y amarillo.

Y AHORA SIGUE TÚ

Intenta adivinar cuál es tu ojo dominante. Realiza el experimento siguiente:

- Sostén un cilindro de cartón de papel de cocina frente a ti. ¿Qué ojo cierras y cuál usas para ver a través del cilindro? ______________________

¡No puedo creer lo que ven mis ojos!

¿Dirías que siempre ves las cosas de una sola forma? ¡No! Las ilusiones ópticas son una especie de rompecabezas diseñados para engañar al ojo (y al cerebro). Veamos si eres capaz de adivinar cuál es la diferencia entre ilusión y realidad en los puzles siguientes.

¿Ves un 13 o una B en el centro de las figuras?

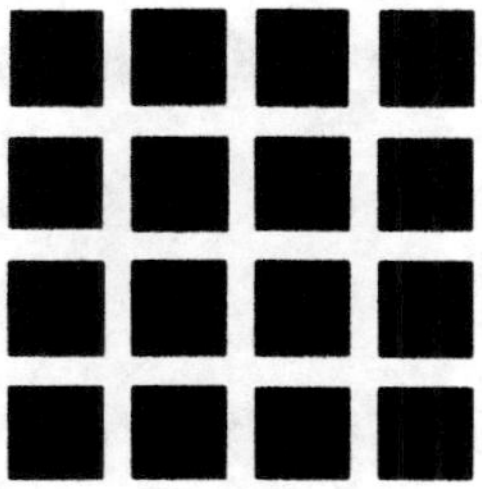

¿Qué ves allí donde se cruzan las líneas blancas?

¿Son paralelas entre sí o están sesgadas las líneas largas de esta figura?

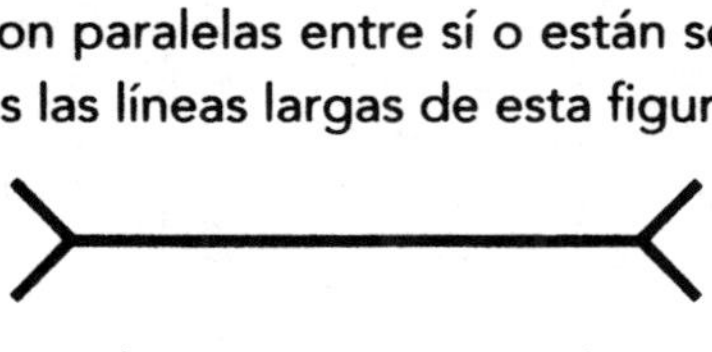

¿Cuál de estas dos líneas es más larga?

PRÁCTICAS DE LABORATORIO

PREGUNTA ¿Cómo funciona el ojo?

ANÁLISIS DEL EXPERIMENTO En este experimento construirás un modelo que te mostrará el tipo de imágenes que se forman en tus ojos. Podrás determinar el tamaño de la imagen y aprenderás a confeccionar una cámara de visión indirecta a partir de este concepto.

CONCEPTO CIENTÍFICO El ojo humano es un complejo mecanismo diseñado para captar la luz, enfocarla en la retina y enviar señales al cerebro en relación con lo que estás viendo. La lente del ojo absorbe los rayos luminosos de todo cuanto te rodea y los focaliza en un punto situado en la parte posterior del mismo. Una vez allí, los bastoncitos y los conos transforman esa imagen en algo que el cerebro puede comprender. A pesar de su extremada complejidad, ahora puedes construir un modelo que genere una imagen bastante similar a la que produce el ojo.

TERMINOLOGÍA

Imagen: lo que vemos cuando miramos algo. La imagen se forma en la cabeza y se transfiere al cerebro.

Cámara de visión indirecta: dispositivo que permite mirar indirectamente un objeto.

Lente: dispositivo óptico que desvía los rayos luminosos y nos permite ver.

MATERIAL NECESARIO

- Imperdible
- Vaso de plástico
- Aro de goma
- Papel encerado
- Bombilla encendida

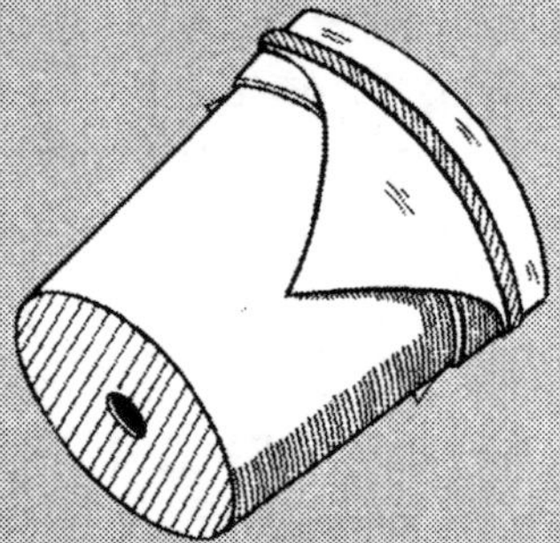

PROCEDIMIENTO

1. Practica un pequeño orificio con el alfiler en la base del vaso. Si más tarde quieres ensancharlo un poco, puedes hacerlo. Pero por ahora procura que sea bastante pequeño.

2. Con un aro de goma, sujeta un cuadrado de papel encerado en la boca del vaso. Ésta será la pantalla.
3. Orienta la base del vaso hacia la luz de la bombilla a una distancia de 60-90 cm.
4. Desplázate lentamente hacia la luz mientras mantienes un ojo pegado al papel encerado.
5. Cuando estés lo bastante cerca, verás una imagen de la bombilla proyectada en el papel, pero invertida.

Curiosidades

Las abejas obreras tienen 5.500 lentes en cada ojo.

Las primeras cámaras de visión indirecta eran habitaciones muy oscuras exceptuando un pequeño orificio en una pared que dejaba entrar la luz. En realidad, en italiano, camera significa «habitación».

PREGUNTAS PARA EL CIENTÍFICO

- ¿A qué distancia has visto la imagen de la bombilla en el papel encerado? ______
- ¿En qué medida cambia esta distancia cuando ensanchas un poquito el orificio en la base del vaso? ______
- ¿Por qué está invertida la imagen? ______
- ¿En qué se parece este efecto al funcionamiento de una cámara fotográfica? ______

Y AHORA SIGUE TÚ

Una vez confeccionado este modelo de tu ojo, estás listo para construir una cámara de visión indirecta, que básicamente opera con arreglo a los mismos principios.

Necesitarás una regla, una lata vacía de patatas fritas (Pringles®), un cuchillo (con la ayuda de un adulto), una tachuela, cinta adhesiva y papel de aluminio.

1. Mide 5-8 cm desde la base de la lata y pide a un adulto que corte el tubo en otros dos tubos más pequeños.
2. Con una tachuela, practica un pequeño orificio en la base del tubo más corto y ajusta la tapa de plástico que va incluida con la lata.
3. Coloca el tubo más grande sobre el más pequeño, de manera que la tapa quede entre los dos. Pégalos con cinta adhesiva para reconstruir cilindro original.
4. Envuelve la lata con papel de aluminio. Tiene que absorber la máxima cantidad de luz posible; así pues, procura forrarla por completo.
5. Acerca a tu ojo el extremo abierto y mira a través del tubo. Deberías ver imágenes invertidas proyectándose en la pantalla (la tapa de plástico).

LA MÁQUINA HUMANA

En el transcurso de los últimos cien años el ser humano ha construido máquinas extraordinarias. El avión, el automóvil y el ordenador sólo son algunos ejemplos de máquinas inventadas por personas normales y corrientes que han cambiado para siempre nuestra vida. Pero si realmente quieres ver una máquina más compleja, más hermosa y más exclusiva que todas aquéllas, mírate en el espejo. Nuestro cuerpo es capaz de hacer cosas que ninguna máquina podrá realizar jamás, por muy poderosos que sean los ordenadores. Examinemos algunas de estas cosas tan maravillosas que sólo el cuerpo humano es capaz de hacer.

TERMINOLOGÍA

Máquina: dispositivo que realiza una tarea específica.

Pulmones: sacos situados en el tórax que se llenan y vacían de aire al respirar.

PRUÉBALO

INSPIRAR PROFUNDAMENTE

PREGUNTA

¿Cuánto aire pueden contener los pulmones?

MATERIAL NECESARIO

- Tarro de cristal grande y vacío, de 5 litros.
- Tarro de cristal de 1 litro
- Agua
- Recipiente grande (p. ej., un acuario)
- Rotulador
- 3 piedras planas u otros objetos igualmente planos
- Fregadero o cualquier otro lugar apto para salpicaduras
- Tubo de goma de 50-60 cm de longitud
- Hoja de papel
- Lápiz o bolígrafo

Curiosidades

El nadador Amy van Dyken ganó cuatro medallas de oro en los Juegos Olímpicos de Atlanta, en 1966, a pesar de tener sólo el 65 % de la capacidad pulmonar de una persona normal a causa del asma.

PROCEDIMIENTO

1. Ve llenando de agua el tarro grande utilizando el tarro de 1 litro y vertiendo su contenido en aquél.
2. A medida que vayas añadiendo agua litro a litro, haz una marca en el tarro grande indicando la altura correspondiente a cada litro.
3. Llena de agua el acuario hasta tres cuartas partes de su capacidad y coloca las piedras en el fondo formando un círculo.
4. Pon el acuario en el fregadero y, con cuidado, invierte el tarro grande y colócalo sobre las piedras. No te preocupes si salpica un poco de agua.
5. Anota en el tarro la lectura del nivel inicial del agua. Éste será el punto de partida.
6. Introduce un extremo del tubo de goma en el acuario y colócalo debajo de la boca del tarro, dejando que el otro extremo cuelgue fuera.

Citas interesantes

Hoy en día, cualquier escolar está familiarizado con las verdades por las que Arquímedes habría sacrificado su vida.

Ernest Renan, filósofo y teólogo francés

7. Inspira profundamente y sopla por el extremo exterior del tubo.
8. Mide el nivel de la marca del agua en el tarro.
9. Resta el nivel de la marca inicial y descubrirás cuál es tu capacidad pulmonar en litros.

¿QUÉ OCURRE?

Al expulsar el aire de los pulmones en el interior del tarro, desplaza una parte de su contenido de agua, cuyo nivel aumenta en el acuario. Puedes medir la cantidad de aire que se ha introducido en el tarro para saber cuánto aire son capaces de contener tus pulmones. Repite de nuevo este experimento para ver si es posible mejorar los resultados.

PRUÉBALO

ACCIÓN/REACCIÓN

Cuando se conduce un automóvil hay que tomar decisiones que contribuyen a preservar su seguridad. Algunas de ellas se pueden tomar lentamente, como por ejemplo si bajar o no el cristal de la ventana, mientras que otras exigen rapidez, como en el caso de desviar la trayectoria del vehículo para evitar una colisión.

Curiosidades

El tiempo medio de reacción humana en un experimento como el que has realizado tú oscila en torno a los 0,20 segundos.

PREGUNTA

¿Cuál es tu tiempo de reacción?

MATERIAL NECESARIO

- Billete o ficha de archivo
- Amigo
- Regla

PROCEDIMIENTO

1. Sostén el billete vertical y longitudinalmente con una mano mientras colocas el pulgar y el índice de la otra cerca de su base.
2. Suelta el billete y atrápalo con la otra mano. Deberías poder hacerlo con facilidad.
3. Ahora dile a tu amigo que lo sostenga y lo suelte. En este caso no sabrás en qué momento va a soltarlo.

Ciencia *on-line*

Visita un cuerpo humano *on-line* en www.pa.k12.ri.us/Curric/Science/Humanl.html

Citas interesantes

Toda ciencia empieza como una filosofía y termina como un arte.

Will Durant

¿QUÉ OCURRE?

Cuando has soltado el billete, el cerebro ha sido capaz de enviar una señal a la mano libre indicándole que empezara a atraparlo. Pero cuando ha sido tu amigo quien lo ha soltado, no había señal alguna. Es ahora cuando puedes calcular con más precisión cuál es tu tiempo de reacción. Cuanto antes lo atrapes, mayor será. Si no has podido, ¡no te preocupes!, ¡no eres el único! Prueba con una regla.[3]

Y AHORA SIGUE TÚ

Este test de tiempo de reacción es uno de los muchos que podrías hacer. ¿Se te ocurre alguno más?

____

____

____

____

____

____

¡Observa!

Si realizas experimentos, debes utilizar tu capacidad de observación, es decir, prestar una detenida atención a la información para no perderte el más mínimo detalle. Pon a prueba ahora esta capacidad localizando las 10 diferencias entre estos dos dibujos.

PRÁCTICAS DE LABORATORIO

PREGUNTA ¿Cómo puedo medir mi pulso cardíaco?

ANÁLISIS DEL EXPERIMENTO En este experimento vas a medir tu pulso cardíaco (ritmo de los latidos del corazón) tras haber realizado diferentes actividades. También aprenderás a utilizar distintos intervalos de tiempo para medirlo y cuáles son los puntos de tu cuerpo donde es más fácil detectarlo.

TERMINOLOGÍA

Pulso/ritmo cardíaco: número de veces por minuto que late el corazón.

CONCEPTO CIENTÍFICO Cada vez que late el corazón, suministra sangre rica en oxígeno al organismo, lo que le permite funcionar correctamente. Cuando estás en reposo, el corazón se ralentiza, pues el cuerpo no necesita tanta sangre como cuando haces ejercicio. Las personas que están en plena forma física son capaces de realizar fatigosas actividades sin que se acelere su pulso cardíaco. Donde mejor puedes percibirlo es sobre el propio corazón, en el cuello, debajo del maxilar, en la cara interior de las muñecas y en los pulgares.

MATERIAL NECESARIO Cronómetro

PROCEDIMIENTO

1. Siéntate durante algunos minutos antes de empezar el experimento.
2. Cuando estés preparado, coloca el dedo índice y corazón en el cuello o en la cara interior de la muñeca y localiza el pulso.
3. Una vez encontrado, acciona el cronómetro y, durante 60 segundos, cuenta el número de latidos. Éste es tu pulso cardíaco.
4. Realiza de nuevo esté experimento, pero esta vez contando sólo hasta 30 segundos. Luego multiplícalo por dos. Compara los pulsos.

5. Repítelo contando ahora hasta 15 segundos y multiplícalo por cuatro y, por último, cuenta hasta 10 segundos y multiplícalo por seis.
6. Cuando hayas terminado, realiza algún ejercicio vigoroso durante un minuto como mínimo, como por ejemplo, *jogging*, subir escaleras corriendo, trepar por una cuerda o hacer abdominales o flexiones de tronco. Seguro que te falta el aliento. ADVERTENCIA: No te excedas en el esfuerzo físico. Elige una actividad adecuada.
7. Determina la duración del test que quieres realizar y cuenta de nuevo tu pulso.
8. Compáralo con el que tenías en estado de reposo.

Curiosidades

Es aconsejable hacer ejercicio físico para que el pulso cardíaco se sitúe entre el 60 y el 90 % de su ritmo máximo.

PREGUNTAS PARA EL CIENTÍFICO

- ¿Cuál era tu pulso en reposo? ________________
- ¿Qué resultado o resultados has utilizado para calcular este número? ________________
- ¿Cuál era tu pulso después de la práctica de ejercicio? ________________
- ¿Cuáles son las ventajas de contar hasta un minuto a fin de determinar el pulso? ________________
- ¿Cuáles son las ventajas de contar hasta un período más corto de tiempo (p. ej., 10 minutos), sobre todo cuando acabas de realizar un ejercicio físico? ________________
- La American Heart Association ha establecido que el máximo pulso cardíaco debería ser el resultado de restar de 220 la edad de una persona. ¿Está por encima de este coeficiente tu pulso? ________________

Y AHORA SIGUE TÚ

Una práctica física regular puede reducir tanto el ritmo cardíaco en reposo como después de realizar ejercicio. Si quieres hacer un estudio a largo plazo de tu pulso cardíaco, realiza ejercicio físico diario unos 15-20 minutos durante un mes, verificando los resultados una vez por semana antes y después del mismo. Comprueba si desciende. Si has decidido modificar drásticamente tus pautas de ejercicio, consulta a tus padres o al médico para asegurarte de que el cambio es adecuado para ti.

PRUÉBALO

EQUILIBRIO A CIEGAS

Una de las cosas más divertidas que puede hacer un niño es dar vueltas y más vueltas hasta marearse y caer al suelo. Nuestro sentido del equilibrio procede de los oídos y del líquido interior. Cuando está en calma, es decir, cuando apenas se mueve, el mareo desaparece. El equilibrio es un concepto difícil de comprender. ¿Por qué algunas personas se marean viajando en el asiento trasero de un automóvil o en un barco mientras otras son capaces de montar en terroríficas montañas rusas o realizar ejercicios gimnásticos o figuras de patinaje y ni siquiera se inmutan?

TERMINOLOGÍA

Equilibrio: capacidad de permanecer en pie sin caerse.

PREGUNTA

¿Es más difícil mantener el equilibrio con los ojos cerrados?

MATERIAL NECESARIO

Ninguno

PROCEDIMIENTO

1. Sitúate de pie en el centro de la habitación.
2. Mantén el equilibrio durante 30 segundos.
3. Ahora cierra los ojos e inténtalo de nuevo. Compara la dificultad en las dos situaciones.
4. Intenta mantener el equilibrio sobre una sola pierna durante 15 segundos. No te apoyes en nada.
5. Cierra los ojos e intenta hacer lo mismo.

Curiosidades

Una de las curas más naturales y eficaces para el mareo a causa del movimiento es el jengibre. Algunas personas comen galletas de jengibre y otras prefieren beber ginger ale.

¿QUÉ OCURRE?

Una buena parte del sentido del equilibrio procede de tu capacidad de ver el entorno. Cuando pierdes la capacidad de medir tu equilibrio en relación con todo cuanto te rodea (cerrando los ojos), es más difícil mantenerlo. Quienes se marean en un barco tienen un problema similar. Miran hacia tierra y el agua, y todo se mueve. Al no tener un punto fijo en el que fijar la mirada, pierden el equilibrio (¡y en ocasiones mucho más!).

Y AHORA SIGUE TÚ

Colócate de pie muy cerca de una pared y luego intenta repetir el experimento manteniendo el equilibrio con una pierna y con las dos. Ahora, toca ligeramente la pared, pero sin apoyarte en ella, sino sólo para saber que está allí. ¿Te ayuda a mantener el equilibrio?[4]

____

____

____

¡Chico, me resultas familiar!

¿Tienen el mismo aspecto los padres y sus hijos? No, aunque a menudo se puede distinguir a los miembros que forman parte de un mismo grupo familiar. Observa estas caras e intenta hacerlo tú. Traza una línea que los empareje.

PRÁCTICAS DE LABORATORIO

TERMINOLOGÍA

Centro de gravedad: punto de equilibrio del cuerpo.

PREGUNTA ¿Dónde está tu centro de gravedad?

ANÁLISIS DEL EXPERIMENTO En este experimento realizarás diversas actividades físicas con otras personas para determinar las diferencias entre el centro de gravedad de un hombre y una mujer, así como también entre niños y adultos.

CONCEPTO CIENTÍFICO Todo objeto tiene un centro de gravedad. Es la parte del mismo que debe estar en equilibrio para evitar que se caiga. Como veremos, los hombres y las mujeres adultos tienen diferentes centros de gravedad. Por su parte, los niños, que aún no están desarrollados físicamente como los adultos, no siempre muestran aquellas mismas diferencias.

MATERIAL NECESARIO

- Adultos y niños de ambos sexos
- Pared
- Taza de café
- Taburete

PROCEDIMIENTO Sugiere a cada participante que realice los ejercicios siguientes y obsérvalos atentamente.

Test 1

1. Ponte de pie junto a una pared de manera que un lado de tu cuerpo, incluyendo el pie, esté en contacto con ella.
2. Intenta levantar el otro pie sin perder la posición.

Test 2

1. Coloca la taza de café frente a tus pies, a 20-25 cm de distancia, mientras estás de pie en medio de la habitación.
2. Flexiona el tronco y recógela.
3. Ahora desplázate hasta apoyar la espalda y los pies en una pared.

4. Coloca de nuevo la taza de café frente a ti, como antes, a 20-25 cm de distancia, intenta flexionar el tronco y recogerla.
5. ¿Podrías describir por qué es tan difícil este segundo ejercicio? Si lo deseas, puedes repetir el test original en el centro de una habitación.

Test 3

1. Arrodíllate en el suelo y pon la taza de café a una distancia equivalente a la de tu brazo extendido, frente a las rodillas.
2. Coloca las manos en la espalda e intenta tirar la taza con la nariz.

Test 4

1. Ponte de pie con los pies juntos, a 50 cm de una pared.
2. Pide a alguien que coloque un taburete entre tus pies y la pared.
3. Inclínate hacia la pared hasta tocarla con la frente, manteniendo siempre la espalda recta.
4. Coge el taburete y sostenlo apoyado en el pecho.
5. Desde esta posición, intenta enderezar la espalda y recuperar la verticalidad.

PREGUNTAS PARA EL CIENTÍFICO

- En el test 1, ¿por qué te caes de inmediato al levantar la pierna exterior?
- Realiza este mismo test en medio de la habitación. ¿Por qué no te caes?
- ¿Por qué puedes recoger la taza mientras estás de pie en el centro de

la habitación, pero no cuando tienes la espalda apoyada en la pared?
- ¿Hay alguna diferencia en los resultados entre los hombres y las mujeres, o entre los adultos y los niños, en el primer test?
- ¿Hay alguna diferencia en los resultados entre los hombres y las mujeres, o entre los adultos y los niños, en los dos últimos tests?
- Pensando siempre en el concepto de centro de gravedad, ¿por qué crees que a las mujeres les resulta más fácil que a los hombres realizar los dos últimos tests?
- Los niños tienden a hacer mejor que los hombres adultos estos ejercicios finales. ¿Se te ocurre alguna razón que lo justifique?

Y AHORA SIGUE TÚ

Piensa en otros tests que podrías realizar en relación con el centro de gravedad.[5] Piensa también en trabajos o deportes que requieran un buen equilibrio y un perfecto conocimiento del centro de gravedad. ¿Has hecho alguna vez una actividad que exigiera mantener el equilibrio? De ser así, intenta adivinar dónde está tu centro de gravedad durante su ejecución.

PROYECTO CIENTÍFICO: EL CUERPO HUMANO

GENÉTICA

Tal vez alguien te haya dicho que «te pareces a tu madre» o que «tienes los ojos de tu padre». Si tienes hermanos, es posible que no te parezcas a ellos, aunque quizá, en más de una ocasión, os hayan identificado como miembros de la misma familia. ¿Qué esconde nuestro aspecto físico que dice tanto de quiénes somos y de dónde venimos? La respuesta está en los genes, es decir, el «cianotipo» o programa que explica nuestra propia, única y exclusiva estructura como seres humanos. Cada persona hereda los genes de sus padres biológicos, pero algunos rasgos o características son más comunes o dominantes en la familia, mientras que otros son recesivos o menos probables que aparezcan. No es fácil explorar el código genético para saber qué rasgos hemos heredado y de quién (padre o madre), pero sí podemos utilizar un test de análisis y el cálculo de probabilidades para predecir estas pautas.

PREGUNTA

¿Por qué tengo los ojos verdes?

ANÁLISIS DEL EXPERIMENTO

En este experimento, tú y tus padres realizaréis un test de análisis acerca de determinados rasgos heredados, es decir, aquéllos sobre los que careces dèl mínimo control. Luego, utilizarás dos de ellos para completar un estudio de probabilidades a partir de lo que se denomina Cuadrado de Punnett.

CONCEPTO CIENTÍFICO

Los rasgos tales como el color del pelo o de los ojos, lóbulos de la oreja poco desarrollados, pulgares curvados y la capacidad para enrollar la lengua pueden ser dominantes o recesivos. Cada individuo tiene dos genes para cada rasgo físico: uno heredado de la madre y otro del padre. Como es lógico, una persona con dos genes dominantes o recesivos tendrá ese rasgo específico. Sin embargo, otra que sólo

tenga uno de cada tipo, mostrará siempre el gen dominante aunque posea también el recesivo. Veamos un ejemplo.

Supongamos que tienes dos conejos negros y que engendran una cría. En los conejos, el pelaje negro es un gen dominante (con la inicial en mayúscula) y el marrón es recesivo (inicial en minúscula). Supongamos también que en este caso los dos conejos tienen, cada uno de ellos, un gen de pelaje negro y otro marrón. ¿Podrías explicar por qué ambos tienes el pelaje negro? Cuando tengan una cría, ésta heredará una de las tres posibles combinaciones de genes de pelaje de sus padres: dos negros, uno marrón y otro negro o dos marrones. En los dos primeros casos, la cría también tendrá el pelaje negro. En realidad, existe un 75 % de probabilidades de que así sea. Pero también hay un 25 % de probabilidades de que el pequeñín herede genes de pelaje marrón y que nazca con un manto de ese color. Es decir, dos conejos negros pueden engendrar un conejo marrón.

El Cuadrado de Punnett muestra cómo podría ocurrir.

		PADRE	
		Negro	Marrón
MADRE	Negro	NN (Negro)	Nm (Negro)
	Marrón	mN (Negro)	mm (Marrón)

Así pues, si tu padre y tu madre tienen los ojos castaños, ésta es una posibilidad perfectamente razonable.

MATERIAL NECESARIO

- Test (al final del capítulo)
- Tú y tus padres biológicos. Si no es posible, busca a alguien que tenga acceso a los suyos y pregunta si podrían ayudarte en tu investigación
- Cuadrado de Punnett
- 2 monedas

PROCEDIMIENTO

1. Cumplimenta el test y luego pide a papá y mamá que hagan lo propio. Si se te ocurren otros rasgos que podrías incluir, añádelos.
2. Comenta los resultados con tus padres y determina cuántos rasgos tienes de cada uno de ellos.

3. Elige dos rasgos para la segunda parte del experimento. A ser posible, uno deberían compartirlo tus padres, y tú carecer del mismo. De lo contrario, elige un rasgo que tengáis todos en común. El segundo debería ser una característica en la que difieran papá y mamá.
4. Para cada rasgo que selecciones, traza un Cuadrado de Punnett que pudiera determinar tus resultados familiares. A continuación tienes un ejemplo. Mamá tiene los ojos verdes, papá los tiene castaños y el hijo verdes. En este caso, el gen castaño es dominante en relación con el verde. Esto podría acontecer en cualquiera de las combinaciones de la derecha.

		PADRE	
		Marrón	Verde
MADRE	Verde	Mv (Marrón)	vv (verde)
	Verde	vM (Marrón)	vv (verde)

5. Cuenta el número de cuadrados más pequeños que podrían determinar tus resultados. En el supuesto anterior, hay dos.
6. Divide este número por cuatro, el total de cuadrados, para determinar la probabilidad de que se dé este resultado. En nuestro ejemplo, la probabilidad es del 50%.
7. En una hoja de papel, decide qué gen estará representado por la cara de cada moneda y cuál representará la cruz en cada tirada. Te será más fácil si usas monedas diferentes para papá y mamá.
8. Tira al aire las dos monedas veinte veces por cada rasgo. Cuenta el número de veces que obtienes un resultado que coincide con tus resultados (en nuestro ejemplo, el resultado que andamos buscando es el del hijo con los ojos verdes) y divide este número por veinte. Ésta es tu probabilidad experimental.
9. Compara la probabilidad experimental con tu probabilidad teórica y presenta los resultados.

PREGUNTAS PARA EL CIENTÍFICO

- ¿Tus padres tienen algún o algunos rasgos en común de los que tu careces? ¿Cuáles?
- ¿Hay rasgos que compartáis los tres?
- ¿Crees que estos rasgos siguen el dictado de genes dominantes o recesivos?

- ¿Hasta qué punto se parecen tus resultados experimentales a los valores que habías calculado en el Cuadrado de Punnett?
- En el supuesto caso de que los resultados no coincidan con las predicciones, ¿a qué crees que se debe?
- ¿El Cuadrado de Punnett significa que si una madre y un padre tienen cuatro hijos, cada uno de ellos pertenecerá a uno de los cuadrados? ¿Por qué sí o por qué no?

CONCLUSIONES

La genética es una de las ramas más fascinantes en la investigación biológica actual. Desde la clonación hasta la prevención de enfermedades, los médicos están buscando nuevas formas de mejorar nuestra vida, comprendiendo de qué está hecho el ser humano. Hasta la fecha, no existe ningún método de eficacia garantizada para predecir los rasgos de los niños, lo cual probablemente sea bueno. Sin embargo, la comprensión de tu pasado te ayuda a prepararte para el futuro, y ésta es una de las múltiples razones por las que los niños adoptados intentan encontrar a sus padres biológicos. Independientemente de quiénes seamos, es un verdadero alivio saber que no «aparecimos» por casualidad, sino que existe un plan para que, no obstante su complejidad, seamos como somos.

TEST

1. ¿Puedes enrollar la lengua? Sácala e intenta curvarla en forma de «U». Responde «sí» o «no»
   Tú ______
   Tu madre ______
   Tu padre ______
2. ¿Eres diestro o zurdo de pulgares? Entrelaza los dedos. ¿Qué pulgar está situado encima del otro? Responde «derecho» o «izquierdo»
   Tú ______
   Tu madre ______
   Tu padre ______
3. ¿Tienes hoyuelos? Sonríe frente al espejo. ¿Los distingues? Responde «sí» o «no»
   Tú ______
   Tu madre ______
   Tu padre ______
4. ¿Los lóbulos de la oreja forman un apéndice o no? Responde «lo forman» o «no lo forman»
   Tú ______
   Tu madre ______
   Tu padre ______
5. ¿Tienes pulgares de «autostopista» (se curvan hacia fuera al levantarlos)?
   Tú ______
   Tu madre ______
   Tu padre ______

IDEAS FINALES

Citas interesantes

La ciencia no conoce fronteras, pues el conocimiento pertenece a la humanidad y es la antorcha que ilumina el mundo. La ciencia es la máxima personificación de la nación, ya que ésta seguirá siendo la primera que impulse siempre más allá las obras del pensamiento y la inteligencia.

Louis Pasteur, químico francés

Tras haber leído este libro, es posible que pienses: «¡Ojalá hubiera más actividades y proyectos científicos que realizar!». Asimismo, las preguntas a las que has sido capaz de responder haciendo los experimentos tal vez te hayan planteado otras muchas cuestiones para las que careces de respuesta. En cualquiera de los dos casos, ¡enhorabuena! ¡Eres un científico!

¿Sabes?, los científicos nunca se sienten satisfechos con lo que saben, pues hay mucho más que desconocen. Cada respuesta sugiere nuevas preguntas. Experimentan un deseo irrefrenable de saber más cosas acerca del mundo, y cuando no pueden encontrar las respuestas en un libro, idean otras formas para predecir cuáles serían, y luego las someten a un test para verificarlas. En esto consiste precisamente el Método Científico. Pero ¿quieres saber un secreto? Los científicos no son los únicos que usan este método. Los abogados, médicos, banqueros, maestros, agentes de bolsa y agentes de la propiedad inmobiliaria también lo hacen. En realidad, te resultaría muy difícil encontrar a alguien que no utilice, de uno u otro modo, los principios del Método Científico en su vida cotidiana.

Así pues, ¡bienvenido al mundo de la ciencia! Formula preguntas; profundiza para hallar la respuesta; no aceptes un «No lo sé» como respuesta; y por encima de todo, diviértete (¡siempre en un entorno seguro!) haciéndolo. Pues es mediante la búsqueda de respuestas que las verdaderas maravillas y la belleza de este mundo te serán reveladas.

NOTAS

Capítulo 1

1. *El agua y los colores (p. 15)*. En general, deberías regar la tierra alrededor de la planta, no sólo las hojas. Aunque una parte del agua se absorbe a través de las hojas, tal y como has podido comprobar en el experimento, la mayor parte de ella se distribuye al resto de la planta a través de las raíces.

2. *Hojas secas (p. 17)*. Las hojas cambian de color cuando los días empiezan a acortarse. Al haber menos luz, los árboles no son capaces de producir tanta clorofila, lo cual desencadena el proceso de secado de las hojas.

3. *Blue Blockers (p. 28)*. En realidad, estas gafas bloquean casi toda la luz azul que incide en ellas, y como resultado, apenas deberías apreciar esta tonalidad. Sin embargo, lo que sí verás es una gran profusión de amarillo, es decir, el color complementario del azul. Asimismo, dado que el amarillo está compuesto de otros dos colores: rojo y verde, también distinguirás una amplia y rica gama de ambas tonalidades.

4. *Paseando sobre un cascarón (p. 31)*. Tanto la cama de clavos como las botas y raquetas de nieve utilizan el mismo principio del experimento del huevo. Aunque un solo clavo perforaría la piel, al usar centenares de ellos, el peso corporal se distribuye uniformemente y ninguno soporta el peso suficiente como para clavarse. En este caso el faquir sale ileso de su demostración de «magia». ADVERTENCIA: Los magos son profesionales que lo practican en condiciones de máxima seguridad. ¡No lo intentes en casa bajo ningún concepto!

   Si intentaras caminar en nieve muy fresca con tus zapatos habituales, probablemente te hundirías. Las botas distribuyen tu peso uniformemente en toda su extensión (una especie de raqueta de tenis), de manera que ninguna porción de nieve tiene que soportar más peso del que puede, y tú te mantienes sobre la nieve. Intenta pensar en otros ejemplos de este fenómeno de distribución del peso en la naturaleza.

Capítulo 2

1. *Hervir hielo (p. 37)*. Cuando el hielo se funde y se transforma en agua líquida, ésta está muy fría, concretamente a 0 °C, la misma temperatura que tenía el hielo. El agua sólo puede hervir cuando alcanza los 100 °C. Así pues, antes de que pueda hervir de nuevo, todo el hielo fun-

dido debe haber alcanzado los 100 °C. Cuando toda el agua del cazo tiene esta temperatura, arranca de nuevo a hervir.

2. *Limpiar una moneda (p. 53).* Algunas monedas no están revestidas de cobre. La reacción de limpieza sólo funciona con un ácido débil (p. ej., solución de vinagre y sal) y el cobre. Con las demás monedas los resultados serán diferentes.

Capítulo 3

1. *Oscilación (p. 61).* Dos monedas situadas a 15 cm de distancia se mantendrán en equilibrio, al igual que una situada a 30 cm. Lamentablemente, en esta regla, 15 cm es el límite. Otra combinación sería colocar seis monedas a 5 cm del fulcro (porque, 6 × 5 = 30).

2. *Balancín (p. 61).* La persona más pesada tiene que sentarse cerca del fulcro, es decir, el centro del balancín. Con tus padres, la diferencia de peso podría ser considerable, sobre todo si eres muy joven. Es posible que papá tenga que sentarse casi en el fulcro para que el balancín esté en equilibrio, pero se puede conseguir.

3. *Amortiguación de impactos (p. 63).* Veamos algunos ejemplos: los boxeadores llevan guantes almohadillados; el sillín de las bicicletas está acolchado; las zapatillas deportivas tienen las suelas almohadilladas; los *air bags* en los coches amortiguan el impacto en un accidente; y los *catchers* en béisbol usan un guante blando para la recepción de la pelota.

4. *Rincones (p. 67).* El helio es más ligero que el aire, de manera que, a diferencia de la mayoría de los objetos, no cae al suelo, sino que se eleva. Cuando el coche gira, todo cuanto hay en su interior sigue desplazándose en línea recta excepto el globo, que prefiere seguir el giro. Si te quieres divertir, observa cómo reacciona un globo cuando el coche acelera y frena. No tardarás en descubrir por qué los globos son un verdadero peligro en el interior de un automóvil.

5. *Electricidad magnética (p. 73).* El electroimán formado por la electricidad sólo funciona cuando dispone de una pila conectada al mismo. Al desconectarla, la brújula recupera su direccionalidad de costumbre. No obstante, cuando colocas el cable debajo de la brújula, el imán que forma la electricidad invierte su carga, lo que asimismo desplaza la aguja de la brújula en la dirección opuesta.

6. *Electroimán (p. 75).* Uno de los lugares más comunes donde puedes encontrar electroimanes de este tipo es en un desguace de automóviles. Allí utilizan una grúa con un gran electroimán. Lo activan para elevar los vehículos y lo desconectan para soltarlos.

Capítulo 4

1. *Velocidad del viento (p. 89).* En primer lugar, debes medir el radio del anemómetro (la distancia entre uno de los cubiletes o moldes/vasos de aluminio hasta el centro del aparato) en centímetros, y luego aplicar la fórmula siguiente: 2 × π (3,14) × radio para determinar la longitud de la circunferencia, es decir, la distancia que cada cubilete deberá recorrer para completar una revolución. Ahora, cuenta el número de giros o revoluciones que realiza en un minuto el cubilete con la pegatina. Multiplica este resultado por la longitud de la circunferencia y obtendrás una velocidad expresada en centímetros por minuto.

   Veamos un ejemplo:

   El radio es aproximadamente de 20 cm. Aplicando la fórmula (2 × π [3,14] × radio), tenemos 2 × 3,14 × 20 =125 cm, que corresponde a la longitud de la circunferencia. Si has contado 40 giros en 1 minuto, el cubilete se desplazará a 125 × 40 = 500 cm/minuto.

2. *Calentamiento de la tierra (p. 93).* En la playa, sólo se calienta el estrato superior de la arena. El sol no puede llegar a niveles inferiores y, en consecuencia, es incapaz de calentarlos. Por esta razón, la superficie del agua en una pisci-

na o un pequeño lago suele estar más caliente que la más profunda.

3. *Carámbanos (p. 95).* Las sales Epsom (sulfato de magnesio) se usan a menudo para curar torceduras y distensiones, así como en la fabricación de jarabe de maíz con un alto contenido de fructosa. Uno de sus usos más populares es en las bañeras de inmersión y relax que puedes encontrar en los centros de fitness. Asimismo, es un extraordinario alimento para las plantas.

4. *Espacio de aire (p. 97).* En verano las pelotas botan más cuando se exponen al sol, pero en invierno se deshinchan ligeramente cuando están sometidas al frío. Mete en el congelador una botella de zumo con tapón. Luego sácala y déjala a temperatura ambiente durante unos cuantos minutos, siempre tapada. Al abrirla, oirás cómo escapa el aire. Otro experimento interesante consiste en hinchar un globo pequeño, atarlo y meterlo en el congelador. Observarás el efecto de la compresión del aire a medida que se enfría.

5. *Constelaciones (p. 102).* Mira al norte e identifica lo que parece un gran cazo con mango. Es la Osa Mayor (Ursa Major). Busca la forma de oso en cualquier carta estelar. Traza una línea recta a partir de la alineación de las dos estrellas situadas más a la derecha de la Osa Mayor y encontrarás otra estrella. Es Polaris (Estrella Polar), que indica la dirección norte.

   La Estrella del Norte, como también se la conoce, forma parte de una constelación llamada Osa Menor (Ursa Minor). Hay quien dice que la Osa Menor vierte su contenido en el cazo de la Osa Mayor.

   Entre otras constelaciones interesantes que puedes identificar figuran Orión, el cazador (reconocible por su «cinturón» de tres estrellas alineadas); Casiopea, la reina (un grupo de cinco estrellas en forma de «W» en los cielos boreales; Géminis, los gemelos (invierno); Pegasus, el caballo alado (otoño); y Leo, el león (primavera). ¡Intenta descubrir más!

Capítulo 5

1. *Papilas gustativas (p. 115).* Como ya has podido comprobar, el sentido del olfato influye decisivamente en su capacidad de percibir los sabores. Cuando te tapas la nariz, las papilas gustativas son incapaces de enviar las señales apropiadas al cerebro para decirle qué tipo de sabor están percibiendo.

2. *Añil, negro y amarillo (p. 117).* El color complementario del rojo es el añil; el del verde, el magenta; y el del azul, el amarillo. Por su parte, el color complementario del blanco (todos los colores) es el negro (ningún color). De ahí que una bandera amarilla, negra y añil produzca una posimagen en rojo, blanco y azul.

3. *Tiempo de reacción (p. 123).*

Si la regla cae...	tu tiempo de reacción es...
10 cm	0,14 segundos
20 cm	0,20 segundos
30 cm	0,25 segundos

4. *Equilibrio (p. 127).* La pared actúa a modo de recordatorio de algo que está fijo y que no se mueve. Debería resultarte más fácil mantenerte en pie, en especial sobre una pierna, cuando tocas ligeramente la pared.

5. *Centro de gravedad (p. 129).* Coge una regla y sostenla con los dedos índice. No importa dónde los pongas. Ahora, lentamente, acerca los dedos manteniendo la regla en equilibrio. Los dedos se encontrarán en el centro de gravedad de la regla.

RESPUESTAS A LOS ACERTIJOS

p. 20 • **Tubular**

p. 29 • **El ojo espía**

- Ganso
- Serpiente
- Conejo
- Jirafa
- Mariposa

- Búho
- Ratón
- Caracol
- Araña
- Colibrí

RESPUESTAS A LOS ACERTIJOS

p. 48 • **Burbujas divertidas**

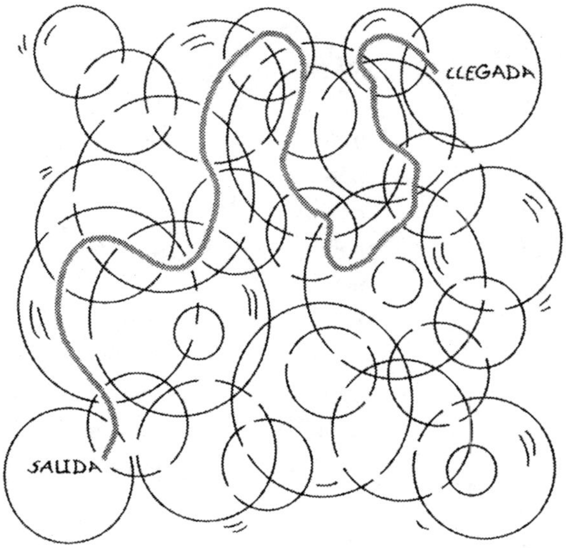

p. 79 • **Blanco y negro**

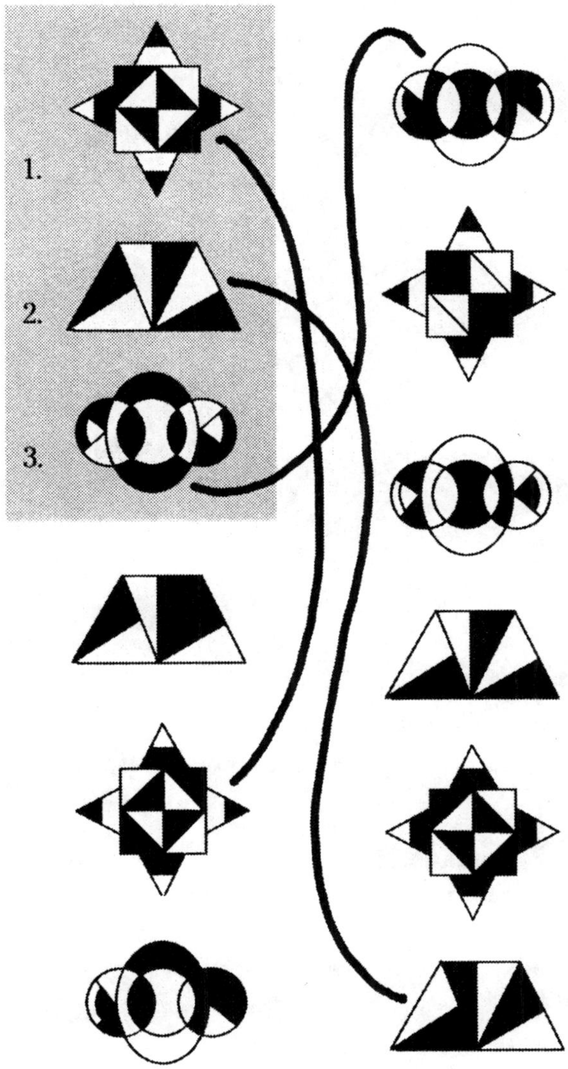

RESPUESTAS A LOS ACERTIJOS

p. 91 • **Fantasía en las nubes**

p. 105 • **Velocidad del viento**

Aquí tienes algunas de las posibles respuestas:

Palabras de tres letras:

ano
aro
eme
era
mar
oro
reo
ron
tan
tea
ton

Palabras de cuatro letras:

amor
ante
ente
mano
mear
memo
mero
meta
mono
mora
moro
mota
mote
moto
neto
nota
otro
ramo
rato
remo
reno
reto
roma
romo
roto
tema
tomo
tono
tren

Palabras de cinco letras:

antro
entre
manta
manto
mareo
marte
meneo
menor
menta
mente
metro
monta
monte
orate
otear
otero
ramón
ratón
renta
temer
temor
tener
tenor
termo
terno
tomar
tramo
trena
trono

Palabras de seis letras:

entero
eterno
manteo
menear
mentar
mentor
metano
montar
motear
motero
remero
remoto
romano
torneo

Palabras de siete letras:

manoteo
mantero
materno
momento
montera
moratón
remonta
remonte

Palabra de ocho letras:

maremoto

Palabra de nueve letras:

manómetro

RESPUESTAS A LOS ACERTIJOS

p. 117 • **¡No puedo creer lo que ven mis ojos!**

¿13 o B?

Ves el número 13 o la B mayúscula dependiendo de la dirección de lectura, de izquierda a derecha o de arriba a abajo. Visualmente, las letras y los números son tan similares que la figura situada en el centro confunde a los ojos y se puede leer en cualquiera de estas dos direcciones.

¿Paralelas o sesgadas?

Las líneas largas son todas paralelas entre sí. Coge una regla y mide las distancias para comprobarlo. Por su parte, las líneas cortas, en direcciones diferentes, confunden a los ojos, dando la impresión de que las largas están sesgadas.

¿Más larga o más corta?

Las dos tienen la misma longitud. Mídelas y compruébalo tú mismo. La diferente dirección de las flechas engaña a los ojos, dando la sensación de que la línea superior es más larga.

Donde se cruzan las líneas

Deberías distinguir fugaces puntos grises donde se cruzan las líneas blancas. Lo realmente interesante en que si miras directamente al punto gris, éste desaparece.

p. 123 • **Observa**

Las diferencias entre los dos dibujos son las siguientes:

1. Flor en el sombrero de la niña
2. Líneas en los calcetines de la niña
3. Hojas en la planta de la maceta
4. Líneas en la maceta
5. Leyenda en la regadera
6. Número de tildes en el calendario
7. Días de la semana en el calendario
8. Deletreo de PLANTAS en el papel del niño
9. Borrador en el lápiz del niño
10. Pelo sobre la oreja del niño

p. 127 • **¡Chico, me resultas familiar!**